国家自然科学基金项目"规模经营风险、农户风险偏好与行为机理与风险管理研究"（71663008）资助

经济管理学术文库·经济类

规模经营风险、农户风险偏好与生产投资行为研究

Study on the Risk of Agricultural Scale Operation,
Household's Risk Preference and Production Investment Behavior

陈新建／著

经济管理出版社
ECONOMY & MANAGEMENT PUBLISHING HOUSE

图书在版编目（CIP）数据

规模经营风险、农户风险偏好与生产投资行为研究/陈新建著.—北京：经济管理出版
社，2021.6
ISBN 978 - 7 - 5096 - 8051 - 3

Ⅰ.①规…　Ⅱ.①陈…　Ⅲ.①农户—农业生产—研究—中国　Ⅳ.①F325

中国版本图书馆 CIP 数据核字（2021）第 109316 号

组稿编辑：曹　靖
责任编辑：曹　靖　郭　飞
责任印制：黄章平
责任校对：王淑卿

出版发行：经济管理出版社
　　　　　（北京市海淀区北蜂窝 8 号中雅大厦 A 座 11 层　100038）
网　　　址：www. E - mp. com. cn
电　　话：（010）51915602
印　　刷：北京晨旭印刷厂
经　　销：新华书店
开　　本：720mm × 1000mm/16
印　　张：13.5
字　　数：201 千字
版　　次：2021 年 8 月第 1 版　　2021 年 8 月第 1 次印刷
书　　号：ISBN 978 - 7 - 5096 - 8051 - 3
定　　价：88.00 元

·版权所有　翻印必究·
凡购本社图书，如有印装错误，由本社读者服务部负责调换。
联系地址：北京阜外月坛北小街 2 号
电话：（010）68022974　　邮编：100836

前　言

　　适度规模经营是农业现代化的必由之路，是提升农户收入与生产积极性、确保粮食安全和推进乡村振兴战略的重要举措。然而，农户规模经营过程中需要更高的农业生产投资，同时也面临日趋多样化、复杂化和规模化的生产经营风险。近年来，农业生产的适度规模经营发展迅速，但生产投资水平仍然不高，导致土地规模经营发展滞缓，农户开展规模经营的风险加大，相关风险管理严重不足。而如何更好地理解农户对风险的认知和风险态度，揭示风险和风险偏好影响下的农户生产投资行为，理解规模经营农户的风险偏好对其生产投资的影响和作用机制，实施更精准的规模经营农户风险管理政策工具，以提升农户的适度规模经营水平，是当前我国农业农村进入高质量发展，全面推进乡村振兴战略中需要着力解决的重要研究课题。

　　本书在对广西适度规模经营的水稻、香蕉农户展开实地调查和田野实验的基础上，综合运用农业经济学、实验经济学、行为经济学的基本原理，运用定性分析和定量分析相结合的方法，从理论和实证两方面，研究分析了农户开展适度规模经营的风险、农户的风险认知与风险规避策略、农户的风险偏好及影响因素、风险和风险偏好影响下的农户生产投资行为。揭示了规模经营风险和农户风险偏好对其农业生产投资的影响和作用机理，提出了乡村振兴背景下帮助农户合理规避风险、改善风险偏好、促进生产投资和规模经营的风险管理政策建议。本书的具体研究结论如下：

（1）农户适度规模经营面临着来自于自然灾害、市场价格波动、病虫害、技术管理、政策社会等复杂多样的生产经营风险。按照对农户规模经营的风险分类，以天气灾害为主要影响的自然灾害风险、病虫害风险、市场价格风险等是农户最为普遍的风险来源，对农户规模经营影响最大。技术运用与管理风险在不同的农户中差异较大，政策法律与社会经济风险相对不易被农户识别。

（2）农户家庭网络内的风险自我分担机制是农户风险管理的主要内容。大多数农户不能通过期货市场、保险市场等农村金融市场获得风险分担，农村所普遍存在的社会网络对农户的生产经营等经济活动产生了重要影响，农户基于家庭亲友网络的帮助与借贷形成了农户自我风险分担机制的主要内容。在长期的农业生产实践中，适度规模经营农户形成了生产上风险规避、生活消费上节省、经营投资谨慎的风险处理策略。

（3）无论是水稻农户还是香蕉农户，农户的风险偏好均表现出了典型的风险规避、风险厌恶特征，但不同作物类型和不同农户之间的风险偏好水平仍然存在明显差异。农户的风险偏好以风险厌恶为主，香蕉农户相比水稻农户具备更高的风险偏好水平。农户的风险偏好受多种因素影响，一方面，农户的年龄、文化程度、子女教育、家庭收入、社会经验、灾害情况等变量对农户风险偏好的显著性影响在水稻和香蕉农户样本中存在明显差异；另一方面，农户的种植经历、创业动机、信息获取、外界支持等变量对水稻和香蕉农户风险偏好的影响表现出了一致性。

（4）农户的风险规避偏好对农户土地经营规模决策行为影响显著，偏好风险或风险规避态度较弱的农户更多地实现了土地经营规模扩张，且具备更强的进一步扩大土地经营规模意愿。农户典型的风险规避态度在一定程度上抑制了农户的土地经营规模扩张。受农户市场预期、文化程度、家庭收入、通勤条件、合作组织、信贷能力等多方面因素的影响，即使在风险和风险规避态度的影响下，一定数量的农户仍然实现了适度规模经营。

（5）农户较低的风险偏好水平、较强的风险规避态度在一定程度上促进了适度规模经营农户采用更多的有机肥。由于有机肥对土壤改良和土壤肥力的长期作用，潜在地保护作物的生长免受生产风险并提高产出质量，形成了有机肥潜在的风险管理效应。农户的风险规避偏好正向促进了农户对有机肥的投资，风险规避型农户更倾向于采用有机肥。当农户认识到有机肥能提高产量和产品质量等风险管理效应时，也会进一步激励农户的有机肥投资行为。

（6）本书进一步证实，生产风险与农户的风险规避偏好是农户开展适度规模经营过程中投资购买农业生产机械的重要驱动因素。相对于购买机械服务而言，农户对投资购买机械设备的内在风险管理期望较高，农户从心理感知层面认为投资购买机械具有更强的风险管理效应，生产风险与风险规避态度增强了农户投资购买机械设备的意愿，抑制了农户对第三方农业机械服务的采用。农业机械对适度规模经营农户存在一定的风险管理作用，风险规避的小农户对农业机械投资存在非完全理性行为。

（7）风险和风险偏好影响下的适度规模经营农户的风险管理策略存在明显差异。无论是水稻农户还是香蕉农户，风险规避程度越低，适度规模经营农户越倾向于采用更多的事前风险管理策略，而风险规避程度越高，农户则不得不采用事后策略被动应对风险。农户感知的风险越强，采用各种风险策略应对风险的积极性越高。风险感知与风险偏好的交互效应进一步强化了适度规模经营农户风险管理策略选择的事前事后差异。

（8）农户的风险规避偏好对适度规模经营既存在抑制作用，也存在对部分生产投资行为的正向促进作用。在外部风险分担不足、正规风险管理滞后的现实背景下，适度规模经营农户的风险规避态度显著影响农户的生产投资和风险管理策略。一方面，导致农户规模经营的生产投资不足、风险管理缺失；另一方面，也可能促使农户采用更多的适宜生产机械、有机肥等能促进适度规模经营的生产资料与投入品。据此，基于农户风险偏好及作用机制的异质性，本书提出了制定差异化的适度规模经营扶持政策、完善适度规模经营的农业保险体系和风险分担机制等政策建议。

本书的特色和创新之处在于：

（1）构建了基于真实生产情景和农户行为实验的农户风险偏好评价体系，并对西部地区的适度规模经营农户进行了量化测度。本书利用实验经济学实验和农户自评相结合的研究方法分析了不同规模经营农户的风险偏好，并通过分析方法的比较和完善，构建了基于真实生产情景和行为实验的农户风险偏好评价模型。为了克服实验方法可能存在的框架效应缺陷，并进一步采用行为心理学量表方法和农户自评方法进行补充完善，在研究方法上更具有科学性。

（2）建立了规模经营风险环境下农户风险偏好与多个规模经营生产投资行为间的影响机理分析模型。在对农户风险偏好测度评价的基础上，利用不同作物品类的农户调查数据，对规模经营风险、农户风险偏好与生产投资行为之间的作用关系进行了系统的分析，研究了风险偏好对农户生产投资行为的作用机制和动态传导过程。并在归纳总结风险与风险偏好对农户生产投资行为影响机理的基础上，构建了农户适度规模经营的全面风险管理政策体系。

本书是在众多研究人员和研究机构多年来支持和帮助下完成的。2016 年，本书得到了国家自然科学基金委的资助，并从 2016 年开始组织课题组成员面向广西适度规模经营农户开展了大量的田野调查，为本书的研究提供了重要的经费来源和农户调查数据。感谢国家自然科学基金委的经费资助，感谢对本书的农户调查做出不懈努力和贡献的所有课题组成员。本书得以顺利进行离不开华中农业大学陶建平教授、华南农业大学谭砚文教授、阿德莱德大学 ZengDi 博士以及广西农业农村厅和广西各地农业农村局对研究工作的指导和帮助。

本书课题组成员包括曾艳华、范小俊、彭娟、黄世杰、康晨、黄嘉升、韦圆圆、甘伟铭等。他们不仅参与了农户调研，还分别承担了数据整理和部分研究工作。在此，对以上所有人员表示衷心的感谢。由于笔者水平有限，加之撰写时间仓促，书中错误和不足之处在所难免，恳请广大读者批评指正。

陈新建

2021 年 4 月 12 日

目　录

第1章 导 论

1.1 问题的提出

适度规模经营是农业现代化的必由之路，是农业生产活动获得稳定收益、提高农民收入的重要保证，也是发展现代特色农业、推进乡村振兴战略的重要手段。近年来，政府从政策上不断鼓励农业向适度规模经营方向发展，2012~2021年，每年的中央一号文件均有相关文字表述。如2012年中央一号文件指出，按照依法自愿有偿原则，引导土地承包经营权流转，发展多种形式的适度规模经营，促进农业生产经营模式创新。2013年中央一号文件强调，引导农村土地承包经营权有序流转，鼓励和支持承包土地向专业大户、家庭农场、农民合作社流转，发展多种形式的适度规模经营。2019年中央一号文件进一步指出，健全土地流转规范管理制度，发展多种形式农业适度规模经营，允许承包土地的经营权担保融资，深化农村土地制度改革。2020年中央一号文件进一步强调，完善农村基本经营制度，开展第二轮土地承包到期后再延长30年试点，鼓励发展多种形式适度规模经营，健全面向小农户的农业社会化服务体系。2021 年中央一号文件再次指出，突出抓好家庭农场和农民专业合作社两类经营主体，鼓励发展多种形式的适度规模经营。从近年的中央一号文件可以看出，发展多种形式适度规模经营，是党和国家顺应我国社会生产发展新要求，把握农业生产关系变化新趋势，应对国际现代农业发展新挑战的重大战略部署，也是适应我国多样化资源条件不断变化的农村劳动力结构和农业生产经营方式，推动农业现代化发展和乡村振兴的必然要求。

另外，随着经济的发展、城镇化建设的加快带来的非农就业机会的增加，越来越多的农户离开农村到城镇就业，土地进入流转市场，留在农村继续从事农业生产或是外出务工后返乡创业的农户开展适度规模经营成为了可能并形成一种趋势。根据第三次全国农业普查结果，2016 年耕地规模化耕种面积占全部实际耕地耕种面积的比重为 28.6%，规模农业经营户达 398 万户，广大农村地区展现出了以家庭经营为基础的多种形式的适度规模经营，农业产业结构逐渐向更加标准化、现代化、规范化、产业化的现代农业生产方式转变。在人均 1.39 亩耕地和城镇化发展水平还不高的现实国情面前，不可能在短时间内实现如美国等发达国家那样的大规模农业，但以家庭为基础的土地适度规模经营是我国农业生产发展的必然选择。

农业是弱质产业，从事农业生产的农户面临着来自自然灾害、市场价格波动、毁灭性病虫害等多方面的生产风险，而在农业保险、农村金融、灾害救助等风险管理工具还处于不完善甚至在部分地区仍然缺失的背景下，农户在遭受风险损失的时候往往缺乏相应的损失补偿，农业因灾减产、农户因灾致贫的现象时有发生。规模化经营带来较高规模收益的同时也带来了更高的经营风险，而农户自身无法判断风险发生的客观概率，从而受农业产出不确定性的影响，农户规模经营过程中会更加考虑风险问题，当面临更高的农业生产投资时，农户往往表现出较强的风险规避态度。农户在规模经营过程中需要更大的资金投入，生产过程中的自然风险、社会风险以及经济风险等多个领域的风险都是与农户小规模经营所无法比拟的。在我国现有风险分担和灾害补偿制度还处于不完善的背景下，农户在遭受自然灾害、市场价格波动、毁灭性病虫害等多方面风险损失的时候往往缺乏相应的损失补偿。农户在规模化经营的过程中因直接面对更具规模的风险，尤其是在面临巨大自然灾害或较大市场风险时，农户则可能经历前所未有的收入损失或福利减少，并导致生产投资无法收回甚至规模经营不可持续。

受农业生产不确定性的影响，农户在生产决策过程中的有限理性行为特征表现得尤为明显。随着实验经济学的发展，1979 年，卡尼曼和特沃斯基的论文《前景理论》从行为心理学的角度分析了人的决策问题，人们在面临未来不确定性进行决策时往往会出现系统性错误而偏离经济学的最优行为假定模式，人们的判断和决策通常会受到其情绪、理念与偏好的影响而出现系统性的认知偏差，其决策往往是有限理性的，且同一问题在不同框架下会显示出不同的偏好（D. Kahneman，1979）。对于开展农业生产经营的农户而言，农户的风险偏好会显著影响其生产水平、投入品的购买、技术采用等农业生产决策（Lusk 等，2005）。因此，在风险因素的影响下，农户在进行生产经营决策，尤其是风险更大、更复杂的规模经营决策的时候，并不一定要遵循基于期望效用理论的理性决策，而可能是一个更加复杂的、受风险偏好等多因素影响的有限理性决策过程。

如何更好地理解农户对风险的认知和风险态度，揭示风险和风险偏好影响下的农户生产投资行为，建立并完善基于风险和风险偏好约束的农户生产行为研究体系，是对农户风险管理与生产行为研究理论的进一步补充和完善。而如何更精准地认识规模经营的风险，理解规模经营农户的风险偏好对其生产投资的影响和作用机制，实施更精准的规模经营农户风险管理政策工具，以提升农户的生产投资和规模经营水平，将成为政府在推动农户规模经营、夯实现代农业基础、提高农业质量效益和推进乡村振兴过程中的重大政策决策。国内已有的研究缺少对不同地区和不同类型农户的风险偏好以及风险处理行为的深入研究和理解，从而很难科学评估到农户的风险意识、风险偏好与农户生产经营决策行为之间的内在作用关系。此外,将农业生产微观主体中的农户作为政府农业风险管理的主体,整合分析农户在规模经营过程中面临的风险及农户的风险管理需求,才能更好地适应农业的转型升级、可持续发展与乡村振兴。而进行一项关于农户风险偏好、风险处理策略与规模化经营决策的研究,将有助于深入理解规模经营中的农户如何受到经营规模所带来的风险因素的影响以及如何采取应对策略减少风险影响等问题。这不仅有助于农户科学客观的规避风险,促进农业资源合理配置,稳定和提高农民收入,促进适度规模经营,且有助于构建支持农户规模化经营的风险决策工具和政策体系,提升我国农业风险管理理论与研究方法。

1.2 研究目的与研究意义

1.2.1 研究目的

以市场化和专业化明显、更具规模化经营特征的广西水稻农户、香蕉农户为研究对象,应用国际上成熟的农业风险决策理论与研究方法,并结合我国农业实际情况,对开展或拟开展规模经营的农业生产微观主体的风险意识与风险偏好进行研究,并分析其对规模经营决策的影响,在此基础上进一步探寻不同风险偏好农户规模经营的风险决策过程。具体研究目的包括:从农户调查和农业产业特性分析出发,归纳总结农户规模经营所面临的风险,从农户微观层面研究分析农户对规模经营的风险认知与规避策略;构建基于彩票选择实验的风险偏好 MPL 实验,研究分析适度规模经营农户的风险偏好及影响因素;在分析现阶段农户适度规模经营的风险和风险偏好的基础上,探明规模经营风险和农户风险偏好对农户生产投资行为的影响，并进一步阐明农户风险偏好对农户生产投资行为的影响机制和作用机理；并从宏观和微观两方面构建基于农户风险偏好的适度规模经营风险管理政策体系，提出乡村振兴背景下帮助农户合理规避风险、改善风险偏好、促进生产投资和适度规模经营的政策建议。

1.2.2 研究意义

农业生产的规模化经营主要通过农地的合理流转，扩大农户的生产规模，根据耕地规模配套增加不同生产要素，通过生产要素的不断优化，使农业各生产要素发挥出最大的潜能。然而农业生产是一个自然再生产与经济再生产相互交织的过程，受气候条件、市场价格、技术应用及国内外政策环境等一系列因素的影响，风险较高。自进入 21 世纪以来，农业市场化改革逐渐深入，农业生产经营环境有了根本性改变，农户成为独立的生产经营实体，享有较为完全的农业生产经营决策权、土地流转权和收益权。但是在享有这些经济利益的同时，农户也相应地成为承担农业经营风险的主体，需要面临日趋多样化和复杂化的各种农业生产经营风险。在经济全球化、市场国际化、贸易自由化趋势日益增强的大背景下，农户的农业生产日益受到来自多方面、多种类及多形式的风险因素的影响，因此，农户规模化的生产经营决策也是一个复杂的风险决策问题。

有关风险条件下农户生产决策及管理对策问题，几十年来一直是国际学术界研究的重点之一，国外学者对此进行了大量理论与实证研究，并取得了丰富的研究成果。近年来，国内学者对中国农业风险及风险管理问题研究也做了大量有益的探索，进行了大量理论探讨和实证研究。但国内学者的研究主要集中于对农业风险类型的描述、形成机制及管理对策等方面的定性分析方面。而有关风险环境下的农业风险评估、农户风险偏好分析、农业生产决策过程等方面的实证研究，在国内已有的研究文献中尚不多见。因此，应用国际上已有的农业风险管理理论和分析方法，结合乡村振兴背景下的中国农业实际，对农业生产经营微观主体的风险意识与偏好进行分析，并分析其对农业生产经营决策的影响，不仅有助于农户科学客观的规避风险，促进农业资源合理配置，稳定和提高农民收入，且有助于提升我国农业风险管理理论与研究方法，具有重大的现实意义和理论意义。

自1987年中央五号文件第一次明确提出在有条件的地方积极稳妥地推进土地适度规模经营以来，多种形式的适度规模经营在全国各地取得了快速发展，但以土地规模扩张为基础的农业规模化经营发展仍然较缓慢，但在经济发达地区，土地流转和适度规模经营的速度明显加快。随着劳动力工资水平的上涨以及因非农就业机会引起的农业劳动力机会成本的逐年上升，唯有通过土地的适度规模经营和农业现代化，提高劳动生产率才能消化人力资本的机会成本和农资价格的上涨。近年来，随着大量农村劳动力外出务工从事非农工作以及土地流转速度的加快，为土地适度规模经营创造了良好条件。因此，分析研究农户在风险环境下开展规模经营的意愿及影响因素，探讨农户风险偏好对其规模化经营的影响，从农业经营微观主体的角度更好地理解现阶段农户开展规模化经营的决策问题，从而帮助农户科学决策、发展适度规模经营，并为政府相关政策的制定、强化农业支持保护制度、完善农业风险管理工具，促进适度规模化经营和乡村振兴战略的推进，都将具有重要的理论意义和现实意义。

1.3　国内外研究现状

1.3.1　关于规模经营与规模经营的风险问题研究

农业适度规模化经营一度被认为发展中国家农业现代化程度的标志，自1987年中央五号文件中第一次明确提出实行适度规模经营以来，有关规模经营的研究一直是学术界关注的热点，如关于规模经营的定义、经营形式、经营规模、经营主体、规模经营的必要性和效率等问题已经有较多的研究成果（许庆等，2010；周应恒等，2015）。小规模家庭经营导致了生产的粗放经营，影响了农业专业化和农业产业化发展，在经济全球化背景下，必须在家庭经营的基础上发展适度规模经营，增强农业的国际竞争力（陈令民，2001）。在我国粮食供求缺口明显扩大，资源环境压力明显加大，调动生产粮食积极性的难度明显增加的现实背景下，转变粮食生产方式，培育适应现代农业发展的生产经营主体，构建种粮大户、农民专业合作社和家庭农场等新型农业经营体系发展粮食的适度规模经营是稳定粮食生产、确保粮食安全的必然选择（韩长赋，2011；罗丹等，2014）。对西南地区而言，由于耕地少，农村空心化、老龄化问题突出，小规模经营的粮食生产方式正在更快地衰落甚至瓦解，但通过构建粮食适度规模经营的社会服务体系平台，如崇州的"土地股份合作社＋农业职业经理人＋农业生产服务"模式，粮食生产也可以实现适度规模经营，比较收益能够较大幅度提升（郭晓鸣等，2014）。关于规模经营的经营主体和经营规模问题，国内外学者开展了大量的理论和实证研究，尤其是关于农场的经营规模大小和效率问题（Buera 和 Kaboski，2012；李谷成等，2010；周应恒等，2014）。自党的十八届三中全会以来，一系列鼓励规模经营和培育新型农业经营主体的政策相继出台，发展多种形式的适度规模经营已成为我国现代农业发展的重要选择。

而关于规模经营的风险问题，国内学者更多的是关注土地流转后所产生的相关社会经济风险，而对规模经营主体及规模经营自身的风险研究还不多。林旭（2009）认为，推进农村土地流转，必须关注可能带来的社会风险，如农民失业、失地、失去保障的风险，影响粮食安全的风险，加剧农村两极分化的风险，产权主体权益受损的风险和政治风险。朱强等（2012）的研究认为，在农地经营权流转制度创新中存在农民利益风险、自然风险、流转市场风险、农地制度风险、粮食安全风险、农地过度集中等风险。由于农村既有的政治社会环境和权力关系格局未能得到相应的重置和优化，农地大规模流转往往演变为优势阶层谋求自身利益的一个平台，众多大户纷纷将土地转手使农地大规模流转的风险急剧增加（田先红等，2013）。土地适度规模经营是我国农业生产向现代农业发展的必然选择，然而土地规模经营和其他任何事物一样，都有其正反两个方面，它在给农业生产带来规模效益的同时，也给农业生产带来了新的风险，如自然风险、社会风险以及经济风险等多个领域的风险都是与农户小规模经营所无法比拟的（黄祖辉等，1996），且不同规模农户对产量风险和市场风险的认知程度有一定差异性（屈小博等，2009）。农业规模化经营风险包括经营主体风险和社会风险，规模化经营过程中的潜在风险需特别关注（郑阳阳等，2020）。陈新建等（2015）的研究发现，不同经营规模的农户对风险的认知存在差异，由于正规风险处理机制的缺失和不完善，农户不得不依靠自身的力量来规避风险，形成了基于农户家庭和社会网络的自我风险分担机制，农户对各种风险的担忧会显著抑制农户的规模经营意愿。张士云等（2019）的研究表明，自然风险和市场风险对种粮大户土地经营规模选择行为具有较强的约束效应，资产专用性风险和经营管理风险对种粮大户行为选择分别表现出显著的诱惑效应和约束效应。

1.3.2 关于农户生产中的风险厌恶行为与风险偏好异质性研究

早在 20 世纪六七十年代，国外就有很多知名学者注意到风险在农民和农场主生产决策中的重要性（Wolgin，1994），认为农户的生产行为是风险厌恶的，如在农户模型中忽视风险厌恶行为将导致过高估计风险型生产的产出水平，对单种产品供给弹性的有偏估计以及对生产资源的重要性过高估计（Hazell，1982）。因此，当对农户的生产经营行为进行研究时，必须要考虑生产中的风险因素。一直以来期望效用（EU）模型（Pope，1982）为人们探究风险问题提供了十分重要的理论基础，然而实际生活中人们无法准确判断风险发生的客观概率，因此，个体在进行风险决策时更多的是依赖主观风险认知。随着实验经济学的发展，学者发现人们在实际决策过程中往往会出现一些违反期望效用准则的决策行为。1979 年，卡尼曼和特沃斯基的论文《前景理论》从行为心理学的角度分析了人的决策问题，人们的判断和决策往往会偏离经济学的最优行为范式，通常会受到其情绪、理念与偏好的影响而出现系统性的偏差，其决策往往是有限理性的（D. Kahneman 和 Tversky，1979）。为了弥补期望效用理论的不足，Espein 和 Zin（1989）提出了风险规避系数与跨期替代系数相分离的非期望效用函数，Svensson（1989）发展了非期望效用的连续时间理论，连续时间理论的发展使得连续时间下动态最优化问题得到较好的解决。

因风险导致的农业产出不确定性，生产中的风险和农户对风险的敏感性均会对农户的各种生产行为产生重要影响。农户的风险规避行为及风险处理策略对保障家庭经济稳定起到了重要作用（丁士军等，2001）。农户为了防范风险带来的收入损失，如种植多种不同的农作物、谨慎性的生产投资与技术采用计划、多样化的劳动组合或外出务工等（Barham 等，2014；陆文聪等，2005；陈传波等，2007；马小勇，2006；侯麟科等，2014），这可以称为事前多元化经营策略。当风险发生后，农户可能会通过正规和非正规的金融借贷、农业保险、变卖相关资产以及存储一定数量的农产品以备后期消费（Coble 等，2004；宁满秀等，2005），即事后风险分担策略。农户作为我国农业生产经营的主体单位，家庭分散经营的特点决定了其抵御市场风险的能力有限（罗必良等，2008）。在发展中国家，因为农村金融市场的缺失，尤其是农业保险市场的不完善，农户往往只能通过自己的人际网络，如家庭、亲戚朋友等来开展资金的借贷行为以弥补因风险带来的收入损失（Fafchamps 等，2003；Udry，1994）。而多数收入较低的农户还会通过谨慎性的储蓄行为来防范风险，如存储一定数量的畜禽、农产品或者现金存款以及土地等（Deaton 等，2000；Menapace 等，2013；朱信凯等，2009；杭斌，2009）。相反，如果农户生产经营中的风险得到缓解，农户的生产投资则会增加。黄季焜（2012）的研究表明，农地使用权确权能提高土地使用权的稳定性,降低土地流转的风险,从而激发了农户长期投资意愿,提高了有机肥的施用量。非农就业机会的增加能真正扩大农户土地经营规模、提高土地经营收益,从而促进农户的农业投资(钟甫宁等,2009)。

农户对风险的厌恶行为实际上可理解为农户的风险偏好,而当今的实验经济学研究表明,不同类型的个体其风险偏好会表现出异质性和多元性的特征(Binswanger,1980;Holt 和 Laury,2002)。不同农户因其控制风险和承担风险的能力存在差异,导致农户的风险偏好会出现进一步分化,而农户在各种农业支持政策的影响下,农户的风险规避程度也会随农业生产环境的变化而变化(Koundouri 等,2009)。在已有的研究中,有学者发现同一个农户在某一个领域是风险偏好,但在另一个领域可能是风险规避的态度,农户作为消费者在进行风险决策时表现出了对风险收益和风险感知进行权衡的特征(Weber,2002)。农户的风险偏好就是农户对风险的一种主观心理态度,通常可简单划分为偏好风险、规避风险和风险中性。因实际农业生产中农户往往无法准确判断风险发生的客观概率,农户对待风险的敏感程度不同,即风险偏好的差异,就可能导致农户不同的风险决策。随着前景理论和行为经济学的发展,学者们可以通过实验的方法测度农户的风险偏好(Harrison 等,2005),并且越来越意识到风险偏好对农户生产决策的重要影响。国内外已有的研究表明,不同类型的个体其风险偏好会表现出异质性和多元性的特征(周业安等,2012),纵然农户的风险偏好总体呈现风险规避的特征,但是农户之间的风险规避态度仍然存在较大差异。农户异质性的风险规避态度是导致农户不同的生产行为和风险管理策略的重要原因,如在一定的环境风险影响下,风险规避态度会影响农户的作物多样化决策(Bezabih 等,2012),对新技术采用意愿下降但对农业保险的需求增加(Jianjun 等,2015)。基于农户的风险感知和风险偏好的影响和差异化作用,农户的风险管理策略就可能出现不同的选择,并可能呈现一定的规律,如农户风险偏好的不同与农户事前事后风险策略的选择有关(Van Winsen 等,2016)。

1.3.3 关于农户风险偏好的测度及影响因素研究

关于风险偏好的量化研究一直是国外学者研究的热点，而关于农户风险偏好的研究也越来越受到学者的关注。国外学者测度农户风险偏好的主要方法和计量模型主要分为：利用效用函数度量风险偏好、利用实验经济学的方法度量风险偏好、利用心理行为量表开发的方法度量风险偏好。随着前景理论和实验经济学的发展，通过彩票实验的方法来测量风险偏好的研究越来越多。

利用效用函数度量风险偏好。1947 年，Von Neumann 和 Morgenstem 首次运用逻辑和数学工具提出了期望效用概念，建立了 VN－M 效用函数，受这种研究思想启发众多学者开始尝试以"效用"的形式度量风险偏好。Arrow（1971）指出个体的期望效用降低的幅度越大，则其承担风险的能力越低，个体越厌恶风险，并提出用绝对风险厌恶系数（DARA）的方法来计量个体风险偏好。Moscardi 和 Janvry（1977）使用"安全第一"原则进行了进一步的研究，之后 Merton（1980）、Antle（1987）在 Arrow 的研究基础上，提出并发展了通过构建效用函数来计算 Arrow－Pratt 风险偏好系数的非结构化估计方法，并提出了相对风险厌恶系数（RRA）。而 Pope 等（1991）的贡献在于使用计量经济学方法估计偏好和信念，并向要素需求和产品供给方向迈进了重要一步，此后很多学者通过假定预期效用最大化对个体的风险态度进行了研究。基于此，学者对农户风险偏好的研究也渐渐深入，并通过构建多种生产函数形式，如 Just－Pope 随机生产函数，并使用不同的估计方法，如贝叶斯随机系数模型等方法构建农户的生产函数和效用函数来估计农户的风险偏好（Gardebroek，2006；Koundouri 等，2009；Picazo Tadeo，2011）。

利用实验经济学的方法度量风险偏好。实验方法是指通过设计包含风险选项的非互动彩票赌局的实验，让被试者从中选择有关风险前景的选项，通过个体的彩票选择行为来估计风险偏好。彩票实验可以控制一些风险特征和个体特征，容易将实验集中于所检验的理论假设，Binswanger（1980）首先采用了有序的彩票实验设计方法估计了印度农户的风险偏好。Holt 和 Laury（2002）进一步发展了这种彩票选择实验，设计了多元价格序列彩票实验（MPL 设计），实验设计中的彩票分为 10 对 A 和 B 两组彩票，被试者对每一对彩票都做出选择，A 彩票和 B 彩票的高低收益相同，但高收益概率逐对递增、低收益概率逐对递减。Harrison（2005）对 MPL 实验设计进行了拓展，提出了转折多元价格序列设计（sMPL）和迭代多元价格序列设计（iMPL 设计），被试者只需对由彩票 A 转向彩票 B 的转折点做出选择。在对农户的风险偏好测度研究中，基于这种彩票设计的实验方法也得到了广泛应用，Brick 等（2012）对南非渔民、Liu（2013）对中国棉农、Luisa Menapace 等（2013）对意大利苹果农户、Bocquého 等（2014）对法国农户、Jianjun 等（2015）对安徽农户、Wossen 等（2015）对埃塞俄比亚农户的风险偏好等分别进行了测度和研究。基于彩票选择实验能较好地测量和分析农户的风险偏好，然而这种方法也存在不足和缺陷，如可能存在框架效应，且测量的农户风险偏好只是一个区间范围等（Hellerstein 等，2013）。

利用心理行为量表问卷开发的方法度量风险偏好。行为经济学派的研究认为，农户的风险偏好可通过对农户宣称的风险信念进行间接测度，并认识到农户的风险决策形成过程也是基于这种风险认知的信念（Pennings 和 Leuthold，2000）。通过构建心理行为量表的方法分析风险偏好，则是从消费者多个维度的风险行为来间接测度风险态度。在研究农户风险偏好的过程中，农户作为被调查者容易回答相应的量表问题，根据行为量表中的题项反映特定农户的实际决策内容，并进而研究农户的风险偏好（Weber 等，2002；Hansson 和 Lagerkvist，2012）。在心理行为量表的问卷设计过程中，一般会通过设计农户的自我风险偏好评价、农户的各种借贷行为以及对各种风险资产的投资行为、农户的生产和日程生活中的消费行为以及农户的日常生活习惯与伦理道德行为等多方面的问题进行间接测度农户的风险偏好（Maart 等，2013；Nielsen 等，2013；Van Winsen

等，2016）。通过构建心理行为量表分析风险偏好的优点是农户作为被调查者容易回答相应的量表问题，行为量表中的题项可以有效地反映特定农户的实际决策内容。

除了对农户风险态度的各种实验探索和进行数量分析研究之外，国外学者还十分关注导致农户风险偏好差异的影响因素。Dillon 等（1978）对巴西的小规模农场主及佃农的风险偏好研究发现，多数自给自足的农户都是风险规避型的，并且小规模农场主比佃农更加倾向于规避风险，并利用期望效用函数、均值—方差模型等估计了农户的风险偏好系数，发现农户的收入水平以及相应的社会经济特征变量显著影响农户的风险偏好。实际上影响农户风险偏好的因素是多方面的，涉及农户个体特征、家庭禀赋、农场条件以及社会经济等多方面的因素。风险偏好与个体人口统计特征有关，如性别、年龄、受教育程度、经历经验等（Binswanger，1980；Wik 等，2004；Picazo Tadeo，2011）。Feinerman 等（1996）的研究发现，家庭规模的增加会导致更加谨慎和保守的生产行为。农场所在的地理位置、农场类型以及产品类型等也会影响生产者的风险偏好，农场规模、种植方式（如有机种植）等也是影响农户风险偏好的重要因素，农场总面积对农户风险偏好有着正向影响（Wik 等，2004；Gardebroek 等，2006）。另外，有关农业支持政策的调整（Koundouri 等，2009）、社会资本（Wossen 等，2015）、自然灾害（Ahsan 等，2014）、贫困（Yusuf 等，2015）等也会导致农户风险偏好水平的变化。

1.3.4 关于风险偏好对农户生产投资行为的影响研究

农业生产经营者的风险偏好会显著影响其生产水平、投入品的购买、技术采用、品种选择、土地改良等农业生产投资决策（Saha 等，1994；Lusk 等，2005；侯麟科等，2014）。Bezabih（2009）对埃塞俄比亚的农地租赁契约研究表明，受生产风险和市场不完全性的影响，风险偏好显著影响土地市场的契约选择，流转出租土地的业主会期望选择分佃制的土地契约，而不太规避风险的农户则希望选择固定租金的土地契约。Franken 等（2009）对美国伊利诺伊州生猪饲养者进行研究发现，风险偏好和资产专用性对农户使用现货和期货交易方式影响较大，农户对价格风险存在较大预期时会选择期货交易，反之选择现货交易。Teklewold 和 Kohlin（2011）的研究认为，农户的风险偏好对其是否进行土壤保护投资影响较大，农民因生产不确定性的风险规避心理，往往不会选择实施土壤保护。Liu E. M.（2013）和黄季焜等（2008）的研究也发现，农户的风险偏好对农户采用新的农业生物技术存在显著影响，农户越是持风险规避的风险态度，越不愿意采用新的农业生物技术，在病虫害防治上会通过增施农药来规避风险，并通过农户对 BT 棉技术的使用验证了研究结论。农户风险偏好还会影响农户的栽培方式和对农业保险的需求，农户的风险偏好与农户的主观信念也存在密切的关系，农户越规避（偏好）风险，越会认为自己将面临更大（小）的风险损失，从而可能对政府农业保险补贴存在更大的依赖，对农业保险的支付意愿低下（Menapace 等，2013）。Liebenehm 等（2014）对西非小规模养牛农户的研究表明，农户因较高的风险规避态度和在时间偏好上缺乏耐心，往往不愿意进行农业的生产投资（如采用新的技术和品种）。Wossen 等（2015）的研究发现，不同风险偏好水平的农户对是否实施土地改良措施存在差异。仇焕广等（2020）的研究发现，农户具有"模糊厌恶"特质，确定概率风险偏好对农户保护性耕作技术采纳的影响大于模糊概率风险偏好的影响，当农户感知农业自然灾害风险存在时，风险偏好对其保护性耕作技术采纳具有显著的正向影响。农户风险感知和风险偏好的不同会影响农户的风险管理策略，Van Winsen 等（2016）研究表明，偏好风险的农户更愿意采用事前的风险策略，而风险规避的农户则更多采用事后风险控制策略。尚燕等（2020）的研究表明，农户的风险规避态度能提高其参与农业保险的意愿，且农户的风险规避态度将抑制其自然风险感知对参与农业保险意愿的促进作用。而在发展中国家或欠发达地区的适度规模经营农户，农户过高的风险规避

行为会导致农户长期的贫困，从而形成农户风险规避与贫困的路径依赖（Yesuf
等，2009）。

1.3.5 对国内外已有研究的述评

国内外学者对农户在风险环境下的生产行为及风险规避态度进行了越来越深
入的研究，随着实验经济学和行为经济学的发展，国外学者在分析农户农业生产
活动中越来越注重农户的心理变化和情感因素。农户风险偏好问题是国际上一直
公认的热点研究问题，国外学者对农户风险偏好的量化研究也越来越多，并认为
农户的风险偏好对其农业生产行为影响较大。农户的风险偏好可以通过一定的方
法进行量化分析，农户因多方面因素的影响对生产中的各种风险会持不同的风险
态度，农户风险偏好的异质性以及不同的生产内外部环境，将带来农户不同的生
产投资行为。

虽然国外学者对农户的风险偏好与生产投资决策问题展开了较多的理论和实
证研究，但关于农户风险偏好的研究仍然没有统一的方法理论体系，且因各地农
户的生产经营现状差异较大，国内与国外更是不同，已有研究仍然缺乏更充分的
实证研究证据；国内学者已经开始注意到农户风险偏好对其生产决策的影响，但
从定量的角度全面深入分析和考察农户的风险偏好及其影响的实证研究仍然不
足；规模经营存在更大的生产经营风险，而规模经营风险的分类特征、灾损现状
以及农户的风险策略仍然缺乏更广泛的实证分析；农户的生产经营决策过程受规
模经营风险和农户风险偏好的影响，可以推断农户风险偏好的差异将导致农户不
同的规模经营方式和生产投资水平，而国内外学者针对规模经营的风险、农户的
风险偏好以及在风险规避态度影响下的生产投资行为研究却涉及不多；随着农业
现代化水平的提高以及农户经营规模的扩大，规模经营的风险以及农户的风险态
度正在发生变迁，中国农户迫切需要一套更加完善的适合农户规模经营的风险管
理体系。

本书在国内外已有研究的基础上，结合中国西南地区、华南地区农户开展规模经营的现实国情，对规模经营的风险、农户的风险偏好以及生产投资行为进行理论和实证研究，是对农户风险管理、适度规模经营和农业现代化水平提升的理论完善和实证补充。本书沿着已有研究的方向，在分析农户规模经营的风险特征的基础上，构建规模经营农户的风险偏好理论框架，分析适度规模经营农户的生产投资差异以及风险偏好对其生产投资行为的影响和作用机理，探索基于农户风险偏好的风险管理政策体系，从而为乡村振兴背景下农户规模经营、扩大农户生产投资、提升农户内生动力提供差异化的全面风险管理和政策依据。

1.4　研究内容

本书以广西种植水稻、香蕉的适度规模经营农户为研究对象，对适度规模经营农户展开田野调查，研究分析农户规模经营的风险、适度规模经营农户的风险偏好及在风险偏好影响下的农户生产投资行为。本书对农户适度规模经营的界定以土地生产资料投入的绝对数量为依据，考虑到广西地区的土地稀缺性，本书对适度规模经营农户的土地经营规模标准定为 10 亩及以上。本书具体研究内容主要包括以下几个方面：

1.4.1　农户规模经营的风险类型及对风险的认知研究

通过田野调查，从自然灾害、病虫害、市场价格波动、经营管理等方面研究分析农户适度规模经营过程中的风险因素和风险来源；按照风险来源的不同将农户开展规模经营过程中的各种风险进行分类划分，分类比较分析不同土地经营规模农户所面临的风险大小与风险类型差异。

农户对风险的规避态度是基于农户抗风险能力的基础上对风险认知的主观反映。本书进一步通过入户、入农场的田野调查，分析农户规模经营过程中的主要风险规避措施和策略，探讨不同规模经营农户的抗风险能力和风险感知；实证分析农户对规模经营中可能面临的各类风险的认知水平，探讨不同作物类型和不同土地经营规模农户的风险认知差异；并在此研究基础上，进一步解析农户对适度规模经营风险的自我分担机制。

1.4.2 规模经营农户的风险偏好评价及影响因素研究

基于农户田野调查数据和不同规模经营农户风险偏好异质性，采用基于实验经济学彩票实验和心理行为量表分析的方法测度评价不同规模经营主体农户的风险偏好，并对水稻规模经营农户和香蕉规模经营农户进行比较分析。一方面建立并完善适合规模经营农户的风险偏好评价理论体系；另一方面实证分析并获得规模经营农户的风险偏好系数区间数据。

农户风险偏好作为一种主观认知偏好，会同时受农户的个体禀赋特征、抗风险能力和外部环境因素的影响。从事规模经营的农户因生产和经营过程中可能遭受到多种损失不确定性，不同特征的农户必然形成不同的抗风险能力以及对风险的不同规避态度，进而使农户风险偏好的影响因素也更加复杂和多样。本书将在农户风险偏好的测评结果基础上，从农户禀赋特征、家庭禀赋特征、风险分担与抗风险能力因素、外部农业支持的经济与非经济因素等方面分析农户风险偏好的影响因素。

1.4.3 风险和风险偏好约束下的农户异质性生产投资行为比较研究

规模经营风险和农户风险偏好约束下的农业生产投资行为依然遵循农户适度规模经营所带来的成本收益。本书将基于农户田野调查和农户深度访谈数据，在前述规模经营风险和农户风险偏好分析结论的基础上，进一步研究农户的生产投资行为差异。通过选择农户规模经营过程中生产种植的土地规模决策行为、投资农业生产机械行为、投资生态有机农资行为、农户风险策略选择行为等主要农业生产投资行为进行比较分析，深入研究规模经营风险和风险偏好对农户生产投资行为的影响和作用机制。

在我国华南、西南农村地区，水稻和香蕉是典型的粮食作物和经济作物，也是农户规模经营中选择的主要作物类型。但是水稻和香蕉在生产过程中的风险、投入与收益又存在较大差异，相对而言，单位面积水稻的风险和收益均小于香蕉。本书通过进一步对水稻和香蕉规模经营农户的比较分析，研究不同作物品类的规模经营农户在风险和风险偏好约束下的生产投资行为差异。

1.4.4 农户风险偏好对其农业生产投资行为的作用机理研究

本书利用农户田野调查数据，结合规模经营风险和风险偏好对农户生产投资行为的影响关系，解析规模经营风险、风险偏好与农户生产投资行为之间的作用机理。首先，基于农户风险偏好在特定的生产经营规模水平之间的差异，研究分析在一系列自然因素和经济因素综合作用的农业生产投资过程中，农户对规模经营风险偏好的动态变化特征。其次，基于农户风险偏好在农户不同的生产投资行为中的作用关系，探寻农户风险偏好对不同类型的生产投资行为的影响过程与差异化作用机理。最后，在前述研究的基础上，进一步通过分析影响规模经营农户风险偏好差异的关键作用因子，深入解析各关键作用因子与农户规模经营的生产投资行为之间的作用机制。

1.4.5 适合农户适度规模经营的风险管理政策体系构建

在更具规模的农业生产经营风险环境下，对于更具规模的农户农业生产投资，急需构建适合农户规模经营的全面风险管理政策体系，以保障农户的投资活动和规模经营的可持续性。现有的农业风险管理往往是被动的、低保障的灾害救助和管理风险，忽略了激励农户个体主动化解风险。本书根据规模经营农户的风险认知和风险偏好研究结论，在探明规模经营风险和农户风险偏好对农户生产投资行为的作用机制和影响机理的基础上，建立以农户风险认知和风险偏好为基础的差异化适度规模经营全面风险管理政策体系。在农户规模经营价值链的各个环节和经营过程中执行风险管理的基本流程，培育农户良好的风险管理意识，建立健全风险管理策略、风险管理措施、风险管理组织等在内的规模经营农户全面风险管理体系。并最终实现农户规模经营的风险得到有效分担，农户风险偏好得到改善，农业生产投资水平提高，规模经营稳步推进和乡村产业振兴。

1.5　研究方法与数据来源

本书以行为经济学、风险认知与决策理论、农户行为理论、期望效用理论、前景理论等为主要理论基础，并在对国内外文献研究的基础上，采用规范分析、实证分析与决策行为分析相结合的方法展开研究，具体研究方法包括：

1.5.1　实地访谈、问卷调查法

本书以农户的农地适度规模经营为研究对象，需要掌握有关农户规模经营所有生产项目的生产、销售、成本、投入、农地流转、规模经营、日常生产行为、风险认知及风险处理措施等方面的详细数据资料，而这些数据只能通过农户田野式调查才能获得。为此，本书开展了专门的有关规模经营与生产风险的农户实地访谈调查。

1.5.2　基于行为经济学的彩票选择实验和心理行为量表分析方法

综合采用基于实验经济学的实验方法和基于行为经济学的心理行为量表分析

方法分析农户的风险偏好。采用心理行为量表和农户自评的方法初步分析农户的风险偏好水平，然后采用基于彩票实验设计的行为实验方法对农户的风险偏好进行综合评估，进一步修正和补充农户的风险偏好区间值，构建真实的农户生产情景实验，以减少行为实验所产生的框架效应。

1.5.3 统计计量分析法

统计计量分析法分为一般描述性统计分析和计量模型分析。对于规模经营风险的来源、风险分类、风险认知、风险规避策略等方面的研究，是基于农户调查数据的一般描述性统计分析。在研究农户风险偏好的影响因素以及农户风险偏好对规模经营决策影响的实证分析过程中，分别采用 OLS 回归模型、工具变量回归模型、双栏模型等计量模型对样本数据进行计量分析，从多个维度研究农户风险偏好对其规模经营决策的影响。

1.5.4 比较分析法

本书的研究对象涉及不同作物品种、不同经营规模以及不同风险偏好水平的农户，因此，在实证分析的过程中，运用比较分析的方法，对不同特征的农户开展规模经营的风险决策过程进行比较分析，以寻求差异。通过不同风险偏好农户、不同土地规模、不同作物品种、不同家庭特征等方面的差异对比分析农户规模化经营的决策过程差异。

1.5.5 归纳演绎方法

在运用上述分析方法对果农风险偏好及规模经营决策进行实证研究的基础上，结合实地调查所获得的有关农户规模经营、风险管理、经营决策、农村社会等方面的一手资料，对实证分析结果进行归纳演绎分析，对作用机理进行深入总结，提炼出更具现实意义和政策含义的研究结论与政策建议，提升研究的理论价值和实际运用水平。

本书所使用的数据主要来源于本书所开展的农户田野调查数据以及部分统计年鉴数据。统计年鉴数据主要来自于各年的《中国农村统计年鉴》和《广西统计年鉴》。农户调查数据的样本选取以本书在 2017 年 4~8 月、2018 年 2~6 月，在广西各粮食主产区以及香蕉主产区进行田野调查所取得的农户田野调查数据样本，其中，水稻适度规模经营农户样本 431 户，香蕉农户样本 240 户。具体调查区域包括南宁、贵港、玉林、钦州、柳州、桂林和北海 7 个地级市的 15 个水稻主产县和 10 个香蕉主产县。

1.6　研究的创新点

本书在系统分析当前农户规模经营的风险，综合测评农户的风险偏好水平，筛选影响农户风险偏好的关键作用因子，建立农户风险偏好和生产投资行为的分析模型，比较分析农户风险偏好对农户生产投资行为的影响机制和作用机理，并确立基于农户风险偏好的全面风险管理政策体系。本书的主要创新点包括：

第一，构建基于真实生产情景和农户行为实验的农户风险偏好评价体系。本书利用实验经济学实验和行为心理学量表相结合的研究方法研究不同规模经营主体农户的风险偏好，并通过分析方法的比较和完善，构建基于真实生产情景和行为实验的农户风险偏好评价模型。为了克服实验方法可能存在的框架效应缺陷，并进一步采用行为心理学量表方法进行补充完善，在研究方法上更具有科学性。

第二，建立风险偏好与农户生产投资行为间的作用机理分析模型，构建适度规模经营的全面风险管理体系。在对农户风险偏好测度评价的基础上，利用农户田野调查数据，对农户风险偏好与生产投资行为进行计量分析，深入理解和分析农户风险偏好对其规模经营生产投资行为的作用机制。并在此研究的基础上，构建农户适度规模经营的全面风险管理政策体系。为此本书开展由农户风险偏好、农地经营规模、不同经营品类与农户生产投资行为于一体的系统分析模型的研究，挖掘适度规模经营农户在风险环境下应对风险与适应环境的系统属性和运行规律，补充完善有关农户适度规模经营的风险管理理论体系，提出有针对性的风险管理政策和建议。

第2章　农户适度规模经营的风险来源与类型

2.1　农户适度规模经营的概念界定与主要模式形态

2.1.1　对适度规模经营的概念界定

本书所界定的规模经营指的是农业种植业在土地生产上的适度规模经营，强调的是以土地等生产资料投入的绝对数量。适度规模经营来源于规模经济，指的是在既有条件下，适度扩大生产经营单位的规模，使土地、资本、劳动力等生产要素配置趋向合理，以达到最佳经营效益的活动（许庆等，2011）。农业规模经营的核心是生产要素的合理组合和效益最大化，通过选择适度的规模对已有的生产要素进行合理配置，它的侧重点和目标并不是对是否存在规模经济作为衡量指标，而是放在如何突破现有制度，实现农户经营的土地规模扩大和收入提高的实践上。农业规模经营也并不否定家庭经营，而是要在家庭经营的基础上使规模适当扩大，形成农业生产经营的现代化与产业化。由于土地的稀缺性，农业的规模经营存在一个适度的问题，即在现有土地流转强度和劳动力转移强度的基础上，根据农户家庭的投资能力和风险承受水平而选择的合适经营规模。

基于以上分析，本书从广西壮族自治区的实际区情出发，界定适度规模经营为单季单种作物种植的土地规模在 10 亩及以上。

2.1.2　农户适度规模经营的主要模式形态

纵然农户适度规模经营已经发展出了多样化的规模经营模式形态，但基于本书农户调查的样本实际，广西水稻、香蕉农户适度规模经营的主要模式形态可以从以下两个方面进行概括：

2.1.2.1　基于土地流转形成农地规模扩大的适度规模经营

自 2008 年以来，全国农村土地流转加快，农村土地确权也逐步完成，全国各地农村的土地流转面积保持稳定增长，基于土地流转和家庭经营的专业大户、家庭农场等适度规模经营形式成为农业适度规模经营的主要模式形态。广西作为我国华南地区、西南地区的主要农业省份，土地流转面积也逐年扩大，截止到 2019 年 12 月，广西农村承包土地经营权流转面积超过 1000 万亩，约占全区农户家庭承包土地面积的1/3。随着土地流转的加快，农户以家庭经营为基础的适度规模经营也随之加快，在广西各农业产区，基于土地流转形成土地经营规模扩大的种植大户、家庭农场等新型农业规模经营主体不断增加。根据本书所开展的农户调查，在广西水稻产业、香蕉产业所开展的适度规模经营中，农户通过土地流转转入土地，实现家庭范围内的农地经营规模扩张，土地经营规模扩大，形成种粮大户、种蕉大户等种植大户，部分种植大户在农地规模扩张的基础上进一步注册家庭农场，成为更加专业化的适度农业规模经营主体。这种基于农地流转和家庭经营的适度规模经营形式是广西适度规模经营的主要模式形态，也是本书的主要研究对象。

2.1.2.2　基于组织合作与服务外包的适度规模经营

受土地、资金等多方面生产要素的制约，农户适度规模经营呈现出了基于组织合作、服务外包等多种适度规模经营形式。受人多地少的现实国情的限制，农户小规模分散经营仍然是我国农业生产经营的主要方式，短期内持续地通过土地流转实现土地经营规模在家庭范围内的大扩张将变得相对困难，因而农户经营的土地规模必然存在一个适度的限制。另外，开展多种形式的适度规模经营成为小农户与现代农业有机衔接的重要选择，多种形式的适度规模经营也是党和国家推进现代农业发展方式转变、农业供给侧结构性改革以及推进乡村振兴战略的重要途径。

本书的农户调查表明，不管是专业大户还是小微农户，都存在基于组织合作与服务外包的适度规模经营形式。对于种植大户而言，为了减少资金投入，降低资产专用性并提高生产投资绩效，适度规模经营的种植大户、家庭农场之间通过组建合作社开展产前、产中、产后合作，或者将部分生产环节服务外包（如水稻生产过程中的耕种、收割等某个或多个环节外包给第三方来提供生产服务），以实现更高的规模效益并降低投资风险。而对于小农户而言，其自身固然存在客观的组织合作与外部服务需求，小农户无力投资大型生产机械，购买生产资料面临更高的交易成本，对生产各环节的生产技术、市场信息等均缺乏获取优势。这样小农户通过组建或参与农民专业合作组织开展横向合作，或购买外部生产服务，就可以实现用小的投资获得更大的经营规模和经营效益。因而农民专业合作组织、社会服务卷入以及包括土地托管等新型适度规模经营形式，也是小农户对接大市场实现规模经营的重要途径。

纵然以上两方面的适度规模经营形式均是目前广西乃至全国各地农村典型的适度规模经营形式，但因本书所关注的重点是农户规模经营风险、风险偏好与农户生产投资行为之间的内在作用关系，本书主要研究分析第一种基于土地流转实现农户家庭经营范围内的农地经营规模扩大的规模经营形式。

2.2 农户适度规模经营的特征属性与主要风险来源

2.2.1 农户适度规模经营的基本特征

随着土地流转的加快、农户非农就业机会的增加以及政府政策上的鼓励，在广西各主要农业产区，以专业大户、家庭农场等形式为基础的农业适度规模经营发展较快。前期的农户调研发现，在广西各主要水稻、水果产区，商业种植的水稻农户、水果农户规模化种植意愿强烈，50 亩甚至 500 亩以上种植规模的农户越来越多，农户的家庭种植规模、专业化程度、现代化生产技术等均表现出了较高的水平，适度规模经营特征明显。

2.2.1.1 适度规模经营的农户明显增加

广西是"八山一水一分田"的土地形态，山地丘陵较多，平原耕地较少，四周山岭连绵，中间地势略低，喀斯特地貌广布，呈现盆地状特点。即使在这种地形特征环境下，广西农业的适度规模经营仍然发展迅速，桂中南平原地区成为广西水稻主产区，特别适宜优质水稻生产，周边的山地丘陵则为水果、甘蔗等作物种植的适度规模经营创造了良好条件。同时，因大多数小农户家庭耕地较少，迫使不愿意从事农业生产的农户外出务工，从而流转出土地，也在一定程度上加快了土地流转和广西现代农业的适度规模经营。另外，农户通过承包荒地、山地，种植果树、甘蔗等经济作物，积极践行绿色青山就是金山银山发展理念，容易实现农户家庭范围内的适度规模经营。

随着现代农业生产的生化技术、品种与栽培技术、采后处理技术以及农业机械装备等技术的进步，农业产业化发展迅速，农户对农业生产的期望收益也越来越高，这在一定程度上也促进了农户生产种植的适度规模化。据本书前期的农户调查，广西各水稻种植地区一定规模的水稻农户越来越多，在本书被调查的 431 户水稻样本农户中，50 亩以上适度规模经营水稻农户占比就达 50%，被调查的 240 户香蕉农户中 50 亩以上适度规模经营农户占比超过 40%。可以看出，农户对适度规模经营种植的农地规模表现出了较高的水平，个别农户家庭种植的土地规模甚至达到 1000 亩以上。如本书在贵港平南县开展农户调查时，多个农户通过长期的资金积累和土地流转，现承包了 1000 多亩土地种植水稻，并通过成立农民专业合作社，带动了周边农户规模化种植优质水稻。

2.2.1.2　农户扩大经营规模的意愿比较强烈

随着市场经济的发展和劳动力工资的不断上升，小农户开展农业生产的机会成本越来越高，农户为了追求利润最大化和更高的规模效益，会将资金、劳动力、土地等生产资料配置到收益更高的生产经营中，广大农户通过土地规模的扩张实现其家庭收益、效用最大化的欲望也会表现在土地规模经营的意愿上。据本书的农户调查显示，农户普遍具有较高的规模经营意愿。在本书调查的水稻样本农户中，2013～2018 年农地经营规模进一步扩大的样本农户数达到 280 户，占比达 65%，农地经营规模下降的农户占比却不到 10%。即使受土地、资金和劳动力的约束，农户对今后扩大种植规模的意愿仍然强烈。

根据调查样本，一半以上的农户有着强烈的扩大经营规模意愿，而受投资资金、土地、劳动力以及风险等因素的限制和影响，部分农户持观望态度，部分农户希望维持现状。在有着强烈规模经营意愿的农户中，大多数都是专业大户，他们长期从事专业水稻或水果种植，专业化程度较高，兼业或是从事非农劳动的时间较少。同时，随着经营规模的提高也促进了生产种植的标准化、专业化以及产业化的发展。

2.2.1.3　专业化、标准化程度越来越高

专业化、标准化是适度规模经营的现代农业发展的重要体现。随着农地种植

规模的扩大，会在一定程度上带来农户生产经营的专业化，农户家庭劳动力是有限的，而生产种植管理需要精细的劳动投入，必将使从事适度规模经营的农户减少或放弃部分其他农作物的生产经营，减少非农就业，专业投身到特定的生产种植环节。前期的调研发现，专业从事农业生产种植的专业大户，如水稻大户、香蕉大户、柑橘大户、火龙果大户等专业户越来越多，适度规模经营的专业化水平得到了快速发展。

农业标准化是现代农业的重要标志，近年来，各地通过标准现代农业示范园区的创建与示范推动，粮食、水果等产业的标准化程度得到了稳步提高。农业生产种植的标准化对农产品的销售与贸易、品质品牌、食品安全等有着巨大的促进作用，随着消费者对农产品品质要求的不断提升，坚持农业生产标准化是市场的必然要求。政府在技术、资金等方面加大支持力度并积极引导的同时，从事适度规模经营的农户也深刻了解到标准化的重要性，主动参与并尽力提升农业生产的标准化水平。越来越多的农户在种植伊始，就按照国家农产品生产相关标准和要求，从农地选择、基础设施建设、栽培管理、病虫害防控、采后处理、质量管理等生产种植的各个环节实施农业生产的标准化。

2.2.1.4 运用现代生产技术和装备越来越多

在城镇化、工业化的发展导致的农业劳动力机会成本上升，生产资料价格的不断上涨导致农业经营利润的下降以及在土地相对稀缺且农村耕地不足的现实背景下，传统农业向现代农业转变迫使农户在适度规模经营过程中不断采用更多的现代生产技术和装备。近30年来，随着广西优势农业生产布局和品种结构的优化，农业生产的科技水平不断提高，运用现代生产技术和农业机械设备有力地实现了产业和收益的提高。然而新的生产技术和中大型农业生产机械往往存在一定的风险和额外的成本，这使小规模经营的农户缺乏使用新技术的动力，但具备一定规模的农户则可以通过农地规模的均摊实现技术采用成本的下降和收益的提高，从而更加具备使用新技术和装备的积极性。

近年来，国家对农业科研投入加大，农业科学技术的研发和供给增加，新的品种、新的栽培技术、新的机械装备等新技术运用越来越多。根据本书的农户调查，无论是水稻还是香蕉产业，均存在较多的新技术新装备应用：在种子苗木技术方面，抗病抗倒伏品种、营养与口感改良品种、无病毒苗生产技术等运用较为广泛；在栽培技术方面，运用的新技术最多，如抛秧、套袋、覆膜、保花保果、矮化等，栽培技术的进步大大提高了产量和品质；在机械设备方面，更是发展快速，运用较多的是大中型插秧机、旋耕机、水稻收割机、植保无人机、长管喷药机、滴灌设备、水肥一体化设备、轨道采收运输设备、冷链储运设备等，机械设备的运用在节省劳动力和经营成本的同时，也提高了农户的标准化水平。

2.2.1.5　家庭农场和农民专业合作社发展迅速

家庭农场成为新型农业经营主体培育的重点。早在党的十七届三中全会通过的《中共中央关于推进农村改革发展若干重大问题的决定》指出，"有条件的地方可以发展专业大户、家庭农场、农民专业合作社等规模经营主体"，接下来多年的中央一号文件又明确提到，要"创造良好的政策和法律环境，采取奖励补助等多种办法，扶持联户经营、专业大户、家庭农场、合作社等多种形式的适度规模经营发展"，后来党中央又先后下发了《关于促进小农户和现代农业发展有机衔接的意见》《实施家庭农场培育计划的指导意见》等政策文件，促进家庭农场发展。虽然家庭农场的认定、注册和登记等政策法规仍然在不断完善中，但是家庭农场是一种重要的现代农业微观经济组织，随着农村土地流转与规模经营的加快推进，家庭农场将会成为现代农业经营的重要模式选择（高强等，2013）。按照家庭农场的本质出发，家庭农场是以家庭经营为基础，农场的主要劳动力来源于家庭成员，按照企业化运作、市场化管理进行适度规模经营的经营主体。虽然家庭农场是在 2013 年中央一号文件中首次提出，但广西各地均在加快推进家庭农场这一新型农业经营主体的发展，越来越多的种植专业大户已经陆续注册登记成了家庭农场。截止到 2019 年 12 月，广西全区在工商部门登记注册的家庭农场总数达到 11556 家。

在发展家庭农场的同时，以农户家庭经营为依托，农民专业合作社也得到了蓬勃发展。农民专业合作社是以农户合作为基础的规模经营方式，也可以有效化解小农户经营规模微小的问题。在国际上农业发达的国家，家庭农场大多为农业经营的主体，但是农产品的包装、运输、加工与销售主要是通过农民专业合作组织完成，因此，农民专业合作组织实际上是农户家庭经营的有效延伸，既节省了交易费用，也保障了农户的权益。广西是农业大省，也是粮食、水果生产大省，在优质粮食和热带水果产业快速发展的同时，农民专业合作组织也呈现出快速发展态势。截止到 2019 年 12 月底，广西登记注册的农民专业合作社达 58690 家，出资总额近千亿元。本书的农户调查也表明，在广西粮食、水果产业的产前、产中和产后等各环节中，越来越多的农民专业合作社已经在农村经济发展和农民增收的过程中发挥了重要的作用。现阶段广西大部分农民专业合作社的自我服务能力还较弱、抗风险能力较低，基本上还属于以农业生产资料的购买和农产品销售为主的松散型合作，技术含量高、品牌效应大、产品附加值高的合作社较少，经营能力普遍比较薄弱。

2.2.1.6 产业属性特征明显

无论是水稻产业还是香蕉产业，在生产过程中均存在明显的生产特性。长期人多地少的家庭经营形态决定了土地的细脆化，适度规模经营农户难以通过土地流转形成规模连片的土地，即使通过大量的农户谈判流转到了一定程度的连片土地，也难以做到小块并大块。以山地、丘陵居多的土地形态为广西现代农业产业提供了充裕的土地来源，然而丘陵山地也为农户的农业生产带来了一些问题，如山地的土壤相对贫瘠，需要更多的生产肥料投入，容易遭受台风、泥石流等灾害，需要更多的劳动投入且缺乏良好的灌溉水源等。农产品在生产过程中存在一定的生产周期且产区相对集中，无论是粮食作物还是香蕉等果树作物，种植周期短则 3~5 个月，长则一年以上，在较长的生产周期内如遇上自然灾害轻则是市场价格下跌，重则投资回报期更长甚至无法收回成本。虽然产区的相对集中有利于农户规模化经营的纵向一体化，但也可能带来集中生产过程中的临时用工紧缺，因劳动力不足而导致某个生产管理环节的延误而出现产量减少或者人工成本的过快上涨。而对于香蕉等水果作物而言，还存在采摘周期短的特性，果树的生长周期很长，但果实的生命周期却很短，水果成熟上市期集中，采摘期较短，一旦果实成熟将不能继续留在树上，必须在短时间内完成采摘，采摘后的果实又必须保持新鲜并在短时间内销售出去，否则就可能腐烂而失去市场价值。

相比香蕉作物，水稻生产的利润较低，机械化水平更高，适度规模经营的农户需要投资购买更多的农业生产机械，而这些农业生产机械又存在较高的资产专用性，机械的使用效率低下，投资回收期较长。水稻收获后的稻谷虽然可以储存较长的时间，但适度规模经营的农户并不具备长期储存和开展深加工的能力，加上生产资金的约束，农户仍然需要在较短的时间内尽快销售出去。因而，除了生产特性外，无论是水稻还是香蕉作物，适度规模经营还存在上市时间集中、销售时间短、储运保鲜和加工困难等市场特性问题。

2.2.2 农户适度规模经营的主要风险来源

农业的弱质性决定了适度规模经营的农业产业仍然是弱质的产业，农业生产对自然存在天然的资源环境依赖，受自然风险和市场风险双重影响。适度规模经营农户一方面面临农业生产过程的各种自然风险，另一方面在近乎完全竞争的农产品市场结构中面临较高的市场风险。适度规模经营的生产投资越来越大，投资回报期却较长，农业生产过程中极易遭受各种风险冲击，农户适度规模经营的主要风险来源主要可以从以下几个方面概括。

2.2.2.1 气候变化与气象因素带来的风险

农作物的生长周期较长，生长周期内对气候变化及各种气象因素非常敏感，气候变化及频繁的气象天气灾害对农作物的产出影响较大，是农作物产出不确定性的主要影响因素，也是农户适度规模经营遭受灾害风险的主要风险来源。近年来，气候变化加剧，天气模式多变，极端天气灾害频繁发生，气候变暖或冷热频繁交替引发大规模自然灾害的风险不断增加。农户适度规模经营相比以前农户的细微小规模经营，更容易受气候变化和气象因素引发的各种天气灾害风险的影响。气候变化和气象因素导致的天气变化主要包括温度、水分、光照等因素的变化形成对作物的灾害风险，如高温、冷害、暴雨、冰雹、台风、洪涝、干旱等。适宜的气温、水分和光照是作物生长发育和产出产量的重要条件，温度的变化和光照的强度会影响农作物的光合作用效率进而影响作物的产量，水分的缺失或失衡会导致作物生长过程严重受阻。广西处于亚热带季风气候区，春季的低温阴雨、冬季的冷寒害、夏秋季的高温多雨和台风等均频繁发生，适度规模经营农户无论是种植粮食作物还是经济作物，均极易遭受因各种气象因素导致的灾害风险，在各种气候和气象灾害的影响下，适度规模经营农户出现作物减产甚至绝收的情形时有发生。

2.2.2.2 生产管理与技术品种带来的风险

随着土地经营规模的扩大，规模化的农场生产管理与技术品种采用也会给规模经营农户带来巨大风险。土地规模扩大后，规模经营的生产技术要求也变得更高，从而农户家庭范围内的人力物力变得不足，迫使规模经营农户不得不在不同的生产环节雇用劳动力或者购买社会服务来完成生产管理活动，这就出现了生产管理上的委托代理关系。而农户因自身的管理能力和所具备的技术水平有限，加上农村的雇用工人均是留守中老年妇女居多，劳动力素质较低，如果监督激励机制不足，生产技术培训不能跟上，农业生产管理就会出现与经营规模不能充分匹配的问题，要是遇上不良的天气，则会导致不同时间点的农事活动不能顺利完成或者出现严重错误，最后导致规模经营农户出现严重减产或巨大亏损。另外，规模经营农户因需要种植管理更多的土地，农户往往在生产过程会运用多个作物品种或生产技术，新的技术和作物品种可以推动技术进步并实现规模经营农户的技术效益提高。而新的品种和新的技术往往存在一定的区域适配性，并可能需要农户匹配与之相适应的管理手段和机械设备，一旦农户的农业生产条件及管理技能与新的技术品种不适配，则必然带来新的产出不确定性风险。

2.2.2.3　市场供需变化带来的风险

农产品的生产是近乎完全竞争的市场，各种农产品的生产种植并没有严格的准入门槛，农产品生产与市场价格之间的蛛网效应明显。当某种农产品在当期的市场供应不足，出现供不应求时，市场价格上升，市场价格的上涨接下来会在下期引来更多的生产者进入，并逐渐出现供大于求，市场价格下跌的情形。规模经营农户因生产规模更大，前期投入的各种生产资料和机械设备更多，需要向市场销售的农产品数量巨大，而一旦市场价格下跌，农户可能面临农业生产的利润下降甚至亏损。另外，随着国际农产品市场的进一步开放，中国与更多的国家和地区签署了自由贸易协定，我国从国际上进口的农产品数量越来越多，这无疑给国内农产品市场价格带来冲击。这种因国内外生产供给、国内外进出口市场需求变化、相关替代品与互补品供需变化、消费者偏好变化等引起的市场供求关系变化，都可能导致农产品市场供需失衡进而导致市场价格下跌，从而使适度规模经营农户面临更大的市场风险。

2.2.2.4　区域资源环境特性与产业特性带来的风险

区域资源环境特性主要包括与农业生产经营相适应的区域农业资源与环境条件，如土地、水资源、生物多样性等农田生态系统环境条件。而产业特性则主要包括区域的相关农业产业发展水平与产业集聚程度等方面的特征属性。广西山多地少，农地以丘陵山地为主，农户家庭经营的土地面积细脆分散，这种以丘陵山地为主的土地形态容易形成干旱、洪涝灾害。细脆化、规模不连片的土地在规模经营过程中大大增加了农业生产的管理难度和交易成本，加上土地质量差异也较大，农户在规模经营过程中容易出现平均产出低于开展规模经营前的小农生产水平的情形，从而形成规模经营产出的不确定性风险。而不同区域的不同作物自身因生产周期、市场销售、贮藏与采后加工、产业聚集程度等产业特性方面存在巨大差异，生产周期长、市场销售期短、贮藏保鲜困难等是大多数农产品生产的产业特性特征，这些产业特性容易形成规模经营后的市场不确定性风险。而如果农户规模经营的作物生产还处在产业链短、产业聚集度低、产业发展水平不高的层次和区域，则极易导致规模经营农户的产出价值低下，投入产出效益不高，形成投资大、风险高、利润低的困境。加上规模经营所带来的生产集中对劳动力的需求增加，广大农村地区普遍存在劳动力素质不高，农忙季节劳动力供给短缺，农户规模经营进一步面临劳动力用工风险。

2.2.2.5 政策法律与社会因素带来的风险

政策法律与社会因素带来的风险主要是指因国家农业政策的改变、农业相关法律法规的调整以及各种可能影响农业生产和农产品市场的社会事件所带来的风险。近年来，国家对农业的支持力度越来越大，农业农村优先发展与乡村振兴战略不断向前推进，相关农业支持政策以及法律法规也会随之调整和完善，农户规模经营过程中可能在不同的阶段面临不同的农业政策与法律法规要求。而农户因自身文化素质不高，对相关农业政策或法律法规的理解和认识可能不足，尤其是对相关农业奖补政策所要求的文件资料、财务管理、项目报告等方面的应对能力较弱，这可能导致农户因政策法规的调整而失去相关农业政策支持的机会，或者不能应对相关政策项目所需要的软硬件条件，甚至出现违反国家土地管理、食品安全、环境保护等方面的法律法规的情形。另外，食品安全事件、公共卫生安全事件、国内外宏观经济环境等社会因素对规模经营农业生产的影响也越来越大，对农产品的市场冲击也越来越明显。如2020年的疫情导致前期因封城封路、居家隔离等管控措施导致农产品的生产销售无法正常进行，修订野生动物保护法全面禁食野生动物导致大量规模化特种养殖农户无法继续经营，因疫情对经济造成巨大冲击导致农产品市场需求整体下降等。

2.3　农户适度规模经营的风险类型与差异

2.3.1　农户适度规模经营的主要风险类型

适度规模经营在给农户生产经营带来规模效益的同时，也会给农业生产带来新的风险，这是农户小规模经营所无法比拟的（黄祖辉等，1996）。一方面，土地规模经营使风险的集中程度增加，风险范围扩大；另一方面，土地规模经营农户对更具规模的农业生产风险的风险承受能力不足。一旦遭受风险损失，农户将可能面临农业生产经营困境，影响农户进一步开展土地规模经营的积极性。农业是高风险的产业，对开展适度规模经营的农户而言，高收益也伴随着高风险。根据农户开展适度规模经营的风险来源和发生原因，结合本书的农户田野调查，农户适度规模经营的风险类型可以分为以下几个类别。

2.3.1.1　自然灾害风险

水稻、香蕉等农作物种植因生长周期较长，生长发育的各个阶段均受气象天气的影响较大，极易遭受各种自然灾害。如台风、冷害、冰雹、暴雨、低温阴雨、洪涝、干旱等气象灾害风险以及水土流失、土壤侵蚀酸化、山体滑坡、泥石流等地质灾害风险，这些灾害风险中对农户适度规模经营影响最为严重的是气象灾害风险。自然灾害形态各异，危害程度不一，均会对作物的生长发育带来巨大影响，具有破坏性、不易预测、季节性等特点。因自然灾害风险对农户适度规模经营的生产过程的影响是经常的，开展适度规模经营意味着面临更大的自然灾害风险。

广西属亚热带季风气候区，自然灾害风险较大，近年广西全区因自然灾害导致的受灾、绝收农作物面积如图 2-1 所示。可以看出，广西每年都有一定面积的农作物受灾甚至绝收，虽然近年防灾减灾能力有所提升，受灾面积总体呈现下降趋势，每 5~10 年出现一次大灾害的情形仍然比较多。如 2014 年受灾面积达到 1213 千公顷，即近 2000 万亩农田因自然灾害而受灾减产，自然灾害严重的年份如 2010 年，受灾面积超过 2500 万亩，近 100 万亩农作物绝收。广西每年的 5~10 月是台风季节，每年沿海地区的各农业产区均会遭受不同程度的台风灾害，尤其是香蕉等果树作物受台风影响最大。广西雨量充沛，常年温度较高，但冰雹、强降雨、低温阴雨、高温来得过早等却较为常见，这些天气灾害均会对不同的作物生长带来灾害。如早稻在春季容易遭受低温阴雨或者高温连续降雨的影响，使水稻在播种育秧期或扬花授粉期遭遇不适宜的天气而出现减产；而在夏季收获水稻时遭遇台风，导致即将收割的水稻倒伏无法收割，造成减产或绝收。因此，以气象灾害为主的自然灾害对广西农业产业构成严重威胁，会对开展规模经营农户的农业产出收益带来巨大不确定性。

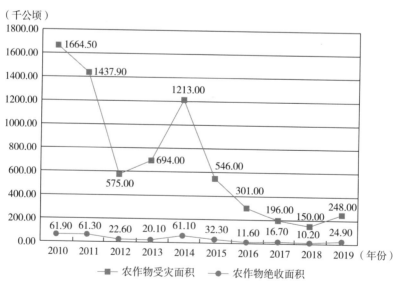

图 2-1　广西近年农作物因自然灾害受灾情况

资料来源：《中国农村统计年鉴》（2011~2020）。

2.3.1.2　技术运用与管理风险

随着技术的进步和农户经营规模的扩大，在农作物的生产种植环节，现代生物技术、新的栽培管理技术、新的优良品种、新的机械设备等新技术大大拓宽了农户适度规模经营的生产可能性边界，降低了对自然资源的依赖，提升了农产品的市场竞争力，因此，适度规模经营农户对优良品种、栽培管理、现代机械装备等技术需求越来越高。然而有关现代农业的技术成果多种多样，每一个品种、每一种技术、每一个机械设备都有其环境适宜性和制约因素，如技术运用不当不仅不会带来收益还会造成产量损失。而从事适度规模经营的农户文化水平普遍不高，技术信息知识的获取相对闭塞，对作物栽培技术的理解和把握也存在较大差异，因此，如果农户不具备使用新技术的条件和知识，就可能遭受新技术带来的更大风险损失。同样如果农户种植过程中在栽培技术方面的管理不到位，则也会出现较大的产量损失。另外，现代机械装备技术的运用投入往往同资金、劳动力和物质投入紧密联系在一起，并以资金、劳动力和物质的追加投资为前提，资产专用性较强而使用效率却不高，如遇到自然灾害、市场价格下跌或者是技术使用失败就可能导致投资购买新技术设备的农户出现严重资金约束或信贷风险。如在本书的调查中发现，种植传统优质水稻的农户在采用新的超级杂交稻品种时就非常谨慎，因为一旦更换品种，新的品种是否在新的区域具备优质高产的特性，新的杂交稻收获后是否能较快地销售出去以及市场价格是否能保持较高水平等风险很高。如种植香蕉的农户采用新的组培苗种植之后，可能出现因果苗变异导致不能正常开花和挂果，或新的品种果实口感不及预期出现产量损失和收益减少。

管理风险则是指农户开展适度规模经营过程中可能遇到的因生产管理经验欠缺、工人管理与人力资源开发不足、土地分散细碎形成的规模经营管理缺失、金融信贷约束等生产管理因素导致的产量收入损失风险。如在工人管理方面，规模经营不可避免需要雇用一定的农村劳动力，但农村劳动力普遍是留守的中老年妇女居多，劳动力素质低下，加上规模经营农户对雇用劳动力的培训和监督激励机制欠缺，导致工人的工作效率和劳动绩效均较低，而这却可能导致相关农事活动不能保质保量地完成，从而导致产量收入损失。再如，金融信贷风险导致的农户生产资金不足，土地分散细脆形成的农场管理困难等均会导致农户出现较大的风险损失。随着农户经营规模的扩大，农户的管理风险越来越大，而管理风险却没有引起农户及相关农业管理部门的重视。

2.3.1.3 严重病虫害风险

广西地处低纬度，北回归线横贯中部，南邻热带海洋，北接南岭山地，西延云贵高原，属亚热带季风气候区和热带季风气候，雨水充沛，常年温度较高，在为水稻等粮食作物以及热带亚热带农作物提供良好生长环境的同时，也为病虫害的发生创造了良好条件。无论是粮食作物，还是果树等经济作物，适度规模经营农户均可能面临相对严重的病虫害风险。在规模经营且细碎化的规模农场中，因生产管理的缺失、天气影响或劳动力短缺等可能致使规模经营农户遭遇严重病虫害的风险更大。而病虫害的发生，一方面会增加农户的农资成本，并带来食品安全方面的安全隐患；另一方面也会造成作物减产甚至绝收。如遇到毁灭性病虫害，如柑橘黄龙病、香蕉枯萎病等毁灭性病虫害则会对适度规模经营的可持续性带来巨大挑战。

2.3.1.4 市场价格风险

受农产品生产特性的影响，农产品的市场价格风险不可避免，短期内大量同质农产品的集中上市，加上国际农产品的竞争，必然导致市场均衡的打破和市场风险的增加。根据"蛛网理论"，价格对农产品生产和供给的调节具有明显的滞后性，当需求价格弹性小于供给价格弹性时，使供给和需求的调整围绕均衡点上下波动，且波动离均衡点越来越远，波幅越来越大。农产品的生产种植周期较长，一旦开始种植，种植规模、种植数量、种植结构无法在短期内进行调整，要调整就必须等到下一个生产周期。因此，农产品的市场价格主要由本年度的总产量即供给量决定，若出现供不应求，价格偏高，农户来年就会多种或者吸引新的农户进入，并吸引国际农产品出口供给增加，而这时总供给产量很有可能超过市场需求量，从而使价格下跌。供给与需求、价格与数量反复循环变化给规模经营的农户带来巨大的市场风险。另外由于农产品的采收期相对集中且时间较短，如遇到不良天气、物流运输问题、食品安全事件、公共卫生事件等，市场需求会大减，农户的销售价格也会下降。

市场价格风险还包括因为生产成本上升，而农产品价格上涨不足以弥补成本上升的风险。这种市场价格风险在粮食作物中表现得尤为明显，近 20 年来，农资价格、劳动力工资、土地租金等生产成本增长迅速，各种生产资料的价格均出现了较大比例的上涨甚至有的投入品价格上涨了几倍，而粮食价格仍然维持在 10 年前甚至 20 年前的水平。本书对水稻农户的田野调查表明，水稻适度规模经营农户的规模经营收益低下，一旦遭遇自然灾害或市场价格波动，农户就可能出现经营亏损，从而可能导致农户粮食生产的适度规模经营难以为继。

2.3.1.5　政策法律与社会经济风险

农户开展适度规模经营的过程中可能遇到的政策法律与社会经济风险主要包括：政策风险、信息风险、服务风险、经济风险、社会风险和相关法律法规风险等。政策风险包括政府和集体的土地流转政策、精准扶贫政策、乡村振兴政策及相关惠农支农政策等，这些政策的变化会对规模经营的农户生产决策产生重大影响。信息风险则主要是指土地规模经营农户因不能及时获取到产前、产中及产后生产管理和销售过程中所需要的各种信息的风险。规模经营农户对市场信息、技术信息、政策信息等各类信息有着更大的需求和更强的依赖程度，如果农户获取到的信息不真实或者滞后，将会给农户带来收益损失风险。服务风险，规模经营使生产的专业化、社会化服务需求更高，规模经营需要相应的社会化服务体系配套，即在农技、植保、农机、水利、电力、信息、运销等方面的服务，而对于从事规模经营的农户而言，能否顺利并及时获取相关优质的农业服务则是其面临的风险。经济风险则主要是指因国内外经济形势的变化而导致的风险，如经济收入恶化导致消费者需求减少、通货膨胀导致的物价上涨、社会生产成本上升导致的生产资料和劳动力价格的上升、外汇汇率变化导致的国际农产品价格波动等。社会风险和相关法律法规风险则主要是指因农业相关法律法规的调整以及各种可能影响农业生产和农产品市场的社会事件所带来的风险。随着社会经济的快速发展，适度规模经营农户所处的社会经济环境越来越复杂，农户在生产经营过程中面临的政策法律与社会经济风险必将不可避免。

2.3.2 不同规模农户的规模经营风险差异

按照以上对农户规模经营的风险分类，以天气灾害为主要影响的自然灾害风险、病虫害风险、市场价格风险是农户最为普遍的风险来源，且很容易被农户识别和判断，对农户规模经营影响最大；受农作物生长环境和农户生产管理水平差异的影响，技术运用与管理风险在不同的农户中差异较大；政策法律与社会经济风险相对不易被农户识别，其影响往往是广泛的，不只针对某一种农作物，而是对整个农业的普遍影响。为了从农户的角度分析规模经营风险的规模与品种差异，根据农户规模化经营所面临的自然灾害风险、病虫害风险、市场价格风险、技术运用与管理风险、政策法律与社会经济风险五个风险类型，分别就水稻作物和香蕉作物进行品种和规模的风险差异比较。

本书的研究对象包括水稻和香蕉两种作物，因不同作物品种的生长特性不同，其风险来源也存在一定差异。本书仅将所涉及的水稻、香蕉两个作物类型，从农户感知的风险大小对其进行风险差异比较，结果如图 2 - 2 所示。从图 2 - 2 可以看出，总体而言种植香蕉的风险高于种植水稻，种植水稻和种植香蕉的农户均认为市场风险最大，病虫害风险、自然灾害风险次之，技术管理和政策社会风险最小。种植水稻的农户认为自然灾害风险和市场风险是最大的风险来源，且市场风险影响最大。因种植水稻的利润较低，价格的下降对利润的影响较大甚至极易导致亏损，而自然灾害和病虫害等对水稻生产的影响次之。种植香蕉的农户认为市场风险最大，自然灾害风险和病虫害风险次之。与种植水稻相比，种植香蕉所面临的市场价格波动更大，且受台风等自然灾害和枯萎病等病虫害风险的影响，种植香蕉的自然灾害风险和严重病虫害风险要远高于种植水稻。另外，香蕉属于生鲜水果，保鲜货架期短，需求弹性更大，更容易遭受各种政策、社会事件所形成的风险影响。

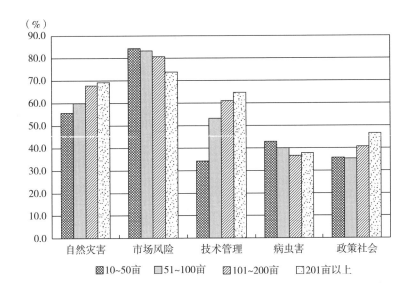

图 2-2　农户规模经营风险来源的品种差异

资料来源：本书调查整理（下同）。

而不同规模农户因生产条件、生产技术水平、劳动用工性质等方面存在较大的差异，不同规模农户从事生产经营的风险也存在一定差异，如图 2-3 所示。无论生产规模处于哪个规模层次，农户开展规模经营的最大风险仍然是市场价格风险，适度规模经营虽然经营规模已经有了较大改善，但仍然属于小农户的范畴，小农户面对强大的市场总是处于弱势地位。但随着经营规模的扩大，农户的市场价格风险有所下降，这说明规模农户有着更强大的市场应对能力。而自然灾害风险和技术管理风险则随着经营规模的扩大而扩大，农户经营规模扩大后，遭遇自然灾害风险的概率就更高，技术运用与管理不到位的可能性也随之增加，从而导致灾害风险加大。而病虫害风险随着经营规模的扩大反而有所下降，这可能是因为规模经营农户在病虫害防护方面拥有更多经验和技能，且规模经营的联防联控对病虫害管理更有效。但政策社会风险则随经营规模的扩大而有所上升，这说明规模经营农户有着更强的政策支持预期，一旦政策调整，或者遇到相关社会风险事件，则受影响更大。

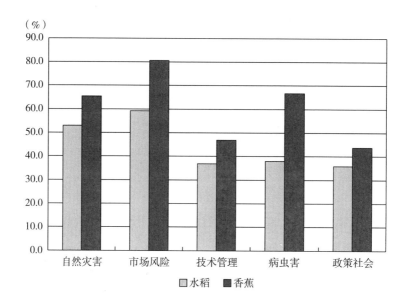

图 2-3 农户规模经营风险来源的经营规模差异

总之，不同品类和不同规模经营农户的风险来源尽管存在差异，但共同之处仍然居多。作物本身生产特性所带来的风险因素不尽相同，但各品种之间仍然具有较大相似性。不同经营规模农户应对风险的能力存在一定差异，但主要面临的风险仍然具有较大的共性特征。因此，当前无论从品类层面还是从经营规模层面上来看，广西地区农户适度规模经营所面临的主要风险来源主要是天气等自然灾害风险、市场价格波动、病虫害风险、技术管理与政策社会风险等。

2.4　本章小结

本章分析了广西农户适度规模化经营的主要模式形态、现状特征，在此基础上根据农户适度规模经营的特征属性，分析总结了农户开展规模化经营的风险来源、风险类别与差异。

从研究区域的实际区情出发，本书界定适度规模经营为单季单种作物种植的土地规模在 10 亩及以上。基于本书农户调查的样本实际，广西水稻、香蕉农户适度规模经营的主要模式形态可概括为基于土地流转形成农地规模扩大的适度规模经营和基于组织合作与服务外包的适度规模经营。农户通过土地流转转入土地，实现家庭范围内的农地经营规模扩张，土地经营规模扩大，成为专业化的适度农业规模经营主体，这是广西适度规模经营的主要模式形态，也是本书的主要研究对象。

随着土地流转的加快、农户非农就业机会的增加以及政府政策上的鼓励，在广西各主要农业产区，以专业大户、家庭农场等形式为基础的农业适度规模经营发展较快。但无论是种植水稻还是种植香蕉，在适度规模经营的生产过程中均存在明显的生产特性，如山地居多且土地细脆化、种植周期长而销售期却短、生产机械的资产专用性较高等。基于这些规模经营特征以及生产特性，农业生产对自然存在天然的资源环境依赖，受自然风险和市场风险双重影响。

农户适度规模经营的风险主要来源于气候变化与气象因素带来的风险，生产管理与技术品种带来的风险，市场供需变化带来的风险，区域资源环境特性与产业特性带来的风险，政策法律与社会因素带来的风险等。根据农户开展适度规模经营的风险来源和发生原因，结合本书的农户田野调查，将农户适度规模经营的风险类型分为自然灾害风险、市场价格风险、技术运用与管理风险、病虫害风险、政策法律与社会经济风险五个类别。不同品类和不同规模经营农户的风险来源尽管存在差异，但共同之处仍然居多。当前广西地区农户适度规模经营所面临的主要风险类型仍然是市场价格风险和自然灾害风险。

第3章　农户对适度规模经营的风险感知与规避策略

因农作物的生长特性，无论是在作物的生长种植环节，还是在农产品的市场销售环节，均存在较大的风险。而对于适度规模经营的农户，存在因经营规模扩大带来的风险叠加效应，规模经营的风险更大，农户对更具规模的生产经营风险的承担能力较弱。但农户对规模经营的风险存在不同的风险感知，并会形成不同的风险态度，最终导致不同的农业生产经营决策。本章将以农户调查数据为基础，分析农户对规模化经营的风险意识、风险感知与规避策略。

3.1　农户对适度规模经营的风险感知

3.1.1　农户对规模经营的风险感知

风险感知（Risk Perception）是指农户对存在于外界各种客观风险的感受和认识（Slovic，1987），是农户对生产经营中可能遇到的各种风险的主观判断，是对农户风险意识的反应。农户规模经营决策是农户在对规模经营的风险进行认知、综合权衡后做出的风险决策，在日趋复杂和日益频繁的农业规模经营风险环境下，农户需要对各种可能发生的风险进行充分认知，以便在风险发生之前采取相应的风险管理工具去分散、转移或降低风险损失。在很多时候农业生产经营的风险不可避免，在风险环境下，农户如何基于对规模经营的风险感知做出更加合理的规模经营决策，不仅直接关系到农户收入的稳定和提高，也在宏观上影响农业适度规模经营的健康推进。规模经营不同于农户分散、细碎的家庭小规模生产所面临的自然灾害风险、市场价格风险更严峻，在我国农业风险管理与灾害补偿制度还不完善的背景下，厘清农户开展规模经营的各种风险，研究农户对规模经营风险的认知水平，分析农户能够采取的风险管理措施，将是推动农业适度规模经营和农业可持续发展的重要保障。

本章的数据来源于本书基于对广西适度规模经营水稻农户和香蕉农户的入户调查数据。关于农户对规模经营风险感知的内容，调查访谈过程中主要考察农户对规模经营过程中可能出现的各种客观风险的感受和认识。根据农户规模经营过程中可能遇到的自然灾害风险、病虫害风险、技术运用与管理风险、市场价格风险、政策法律与社会经济风险等主要的生产经营风险，采用李克特 5 分量表，对不同经营规模的农户进行了入户调查。在调查的过程中要求每位参与调查的农户对每个风险因素的影响程度给予等级评定，即在 1~5 分中从低到高依次给出分值，5 分代表该风险因素对其生产经营影响非常大，4 分次之，依次递减，1 分代表该风险因素对其生产经营的影响最小。基于前文对农户规模经营风险来源与类型的研究结论，并根据国家现代农业产业技术体系专家及各试验站专家的建议，结合本书笔者的工作经验和所开展的试调查，调查问卷中基于农户适度规模经营的主要风险类型进一步列举了市场价格不确定性，台风、冷害、冰雹等天气灾害，管理、技术运用导致的产量波动，生产资料价格的上涨，人工工资上涨，不良的种子，洪涝、干旱等灾害，物流运输问题，缺乏技术工人，地产收购商少或压价盘剥，融资困难、资金投入不稳定，储藏保鲜问题，公共卫生、宏观经济等社会风险，土地长期使用不稳定性，政府政策的变化病虫害风险 16 种可能的风险因子，这些风险因子是农户规模经营过程中可能遇到的主要风险因子。水稻和香蕉农户的风险感知调查结果如表 3-1 和表 3-2 所示。

表 3-1　水稻农户对规模经营的风险认知

排序	风险因子	平均得分	风险等级
1	市场价格不确定性	4.49	高风险因子群（4~5分）
2	洪涝、干旱等灾害	4.21	
3	台风、冷害、冰雹等天气灾害	4.02	
4	病虫害风险	3.89	中风险因子群（3~4分）
5	生产资料价格上涨	3.78	
6	管理、技术运用导致的产量波动	3.66	
7	人工工资上涨	3.59	
8	融资困难、资金投入不稳定	3.44	
9	政府政策的变化	3.35	
10	不良的种子	2.87	低风险因子群（1~3分）
11	产地收购商少或压价盘剥	2.60	
12	缺乏技术工人	2.58	
13	储藏保鲜问题	2.43	
14	公共卫生、宏观经济等社会风险	2.37	
15	土地长期使用不稳定性	2.32	
16	物流运输问题	2.11	

资料来源：本书调查整理，下同。

表 3-2　香蕉农户对规模经营的风险认知

排序	风险因子	平均得分	风险等级
1	市场价格不确定性	4.55	高风险因子群（4~5分）
2	病虫害风险	4.45	
3	台风、冷害、冰雹等天气灾害	4.17	

续表

排序	风险因子	平均得分	风险等级
4	管理、技术运用导致的产量波动	3.63	中风险 因子群 （3~4分）
5	生产资料价格上涨	3.62	
6	人工工资上涨	3.51	
7	洪涝、干旱等灾害	3.41	
8	缺乏技术工人	3.04	
9	融资困难、资金投入不稳定	3.02	
10	不良的种子	2.84	低风险 因子群 （1~3分）
11	储藏保鲜问题	2.67	
12	产地收购商少或压价盘剥	2.64	
13	公共卫生、宏观经济等社会风险	2.63	
14	土地长期使用不稳定性	2.52	
15	物流运输问题	2.31	
16	政府政策的变化	2.03	

从表 3-1 可以看出，对于适度规模经营的水稻农户而言，在本书所列举的 16 个风险因子中，平均分值高于 4 分的风险因子有 3 个，属于水稻农户规模化经营的高风险因子群，分别是市场价格的不确定性（4.49 分），洪涝、干旱等灾害（4.21 分），台风、冷害、冰雹等天气灾害（4.02 分）；平均分值介于 3~4 分的有 6 个，构成中等风险因子群，分别是病虫害风险（3.89 分），生产资料价格上涨（3.78 分），管理、技术运用导致的产量波动（3.66 分），人工工资上涨（3.59 分），融资困难、资金投入不稳定（3.44 分），政府政策的变化（3.35 分），其中病虫害风险和生产资料价格上涨的风险影响较大；剩余 7 个风险因子的平均得分低于 3 分，属于低风险因子群，分别是不良的种子（2.87 分），产地收购商少或压价盘剥（2.60 分），缺乏技术工人（2.58 分），储藏保鲜问题（2.43 分），公共卫生、宏观经济等社会风险（2.37 分），土地长期使用不稳定性（2.32 分），物流运输问题（2.11 分），其中物流运输问题是农户认为风险最小的风险因素，且 89% 的农户打的分值在 3 分以下。

从表 3-2 可以看出，对于适度规模经营的香蕉农户而言，平均分值高于 4 分的高风险因子群也是 3 个，分别是市场价格的不确定性（4.55 分），病虫害风险（4.45 分），台风、冷害、冰雹等天气灾害（4.17 分）；平均分值介于 3~4 分的中等风险因子群分别是管理、技术运用导致的产量波动（3.63 分），生产资料价格上涨（3.62 分），人工工资上涨（3.51 分），洪涝、干旱等灾害（3.41 分），缺乏技术工人（3.04 分），融资困难、资金投入不稳定（3.02 分）6 个风险因子，其中生产管理、技术运用（如新的抗病品种运用）导致的产量波动的风险最大；剩余的风险因子属于低风险因子群，平均得分低于 3 分，分别是不良的种子（2.84 分），储藏保鲜问题（2.67 分），产地收购商少或压价盘剥（2.64 分），公共卫生、宏观经济等社会风险（2.63 分），土地长期使用的不稳定性（2.52 分），物流运输问题（2.31 分），政府政策的变化（2.03 分），其中政府政策的变化是农户认为风险最小的风险因素，而不健康的种苗则是农户认知到的风险最大的低风险因素。

以上结果表明，无论是水稻农户还是香蕉农户，市场价格不确定性台风、冷害、冰雹等天气灾害、病虫害风险等是目前广西水稻和香蕉农户感知到的开展规模经营中最为严重的风险。水稻农户面临的天气灾害风险更大，而香蕉农户面临的病虫害风险的影响较大。除此之外，因管理、技术运用导致的产量波动与生产资料价格上涨位居中等风险的前列。虽然管理、技术运用导致的产量波动的得分低于市场价格不确定性等第一类高风险因子群，但对于规模经营农户而言，管理、技术运用导致的产量波动也属于农户规模经营过程中较为担忧的风险之一。近年来，生产资料价格上涨和人工工资上涨对农户的影响较大，农户普遍认为生产资料价格和人工工资仍然处于上涨趋势之中。虽然各种中高风险因素导致的结果均是产量的不确定性，但是相比之下，农户对频繁的天气灾害更为担忧，对除天气灾害之外的因素导致的产量波动抱有一定的信心和技术能力。本书对适度规模经营的农户的访谈发现，规模较大的农户普遍具有多年的丰富种植经验，如不出现台风、强降雨、低温冷害、持续干旱等极端天气灾害，大多数农户能够通过生化技术等多种手段维护产量的相对稳定。

因水稻生产种植的利润较低，规模种植水稻的农户对政府支持政策抱有较高的期望，从而导致水稻农户对政府政策变化更为担忧。农户普遍习惯家庭亲友网内的借贷，对农村金融机构的认识水平和依赖程度较低，但规模种植水稻需要投资更多的农业生产机械设备，对资金需求较大，相比香蕉农户，水稻农户的相对收益较低而农业机械投资较大，农户对农村金融的融资困难、资金投入不稳定性的风险感知加强。稻谷和香蕉都属于生鲜农产品，尤其是香蕉，对保鲜和仓储物流的要求较高，储藏保鲜问题是现代适度规模经营农业产业化发展中急需解决的关键问题之一。对以香蕉种植为主的适度规模经营农户来说，要是具备良好的冷藏保鲜以及冷链物流运输条件，则农户的香蕉品质以及商品化率将会大大提高。而对于水稻农户而言，要是具备充足的仓储条件，农户则可以将粮食储存以规避短期的价格下跌风险。因农户经营规模、组织化程度以及资金能力不足等原因导致目前农户的贮藏保鲜条件往往成为农户完成销售之后的下游经营者的行为，农户对储运保鲜环节的风险感知不高。据本书的农户调查，水稻和香蕉成熟收获后，90%以上的农户均是以田间地头的就地销售模式为主，然后通过产地中介（经纪人）或是异地流通企业或商贩运送到批发市场、加工企业和零售市场进行销售。农户对于已经承包或流转土地的可持续经营持有较高的信心，对农地经营稳定性的风险感知水平较低。受益于近年来广大农村地区的道路基础设施和物流条件的改善，农户普遍认为物流运输的风险较低。

3.1.2 不同规模农户的风险感知差异

农户对土地经营规模的不同，可选择的种植方式、种植品类、基础设施建设、机械设备投资等农场投资均存在较大差异，他们面临的风险以及风险感知也存在较大差异。为了便于分析，继续将农户适度规模经营的种植规模分为5个类别,分别是 10 ~ 30 亩,31 ~ 50 亩,51 ~ 100 亩,101 ~ 200 亩以及 201 亩以上,以此分析不同规模农户的风险感知差异。按照表 3 - 1 和表 3 - 2 中水稻农户和香蕉农户的风险感知分类,表 3 - 3 和表 3 - 4 列出了不同规模水平的水稻农户和香蕉农户对规模经营中的风险感知差异。

表 3 - 3 不同经营规模的水稻农户对规模经营风险的感知

风险因子	201 亩以上	101 ~ 200 亩	51 ~ 100 亩	31 ~ 50 亩	10 ~ 30 亩
市场价格不确定性	4.57	4.56	4.53	4.45	4.37
洪涝、干旱等灾害	4.35	4.28	4.22	4.13	4.11
台风、冷害、冰雹等天气灾害	4.12	4.09	4.02	4.01	4.00
病虫害风险	3.68	3.79	3.88	3.89	3.88
生产资料价格上涨	3.74	3.76	3.78	3.82	3.93
管理、技术运用导致的产量波动	3.89	3.77	3.67	3.58	3.62
人工工资上涨	3.74	3.71	3.60	3.41	3.12
融资困难、资金投入不稳定	3.89	3.45	3.35	3.18	2.89
政府政策的变化	3.52	3.44	3.36	3.29	3.14
不良的种子	2.57	2.68	2.87	2.92	2.96
产地收购商少或压价盘剥	2.79	2.73	2.62	2.57	2.44
缺乏技术工人	2.78	2.63	2.58	2.49	2.43
储藏保鲜问题	2.65	2.54	2.45	2.37	2.26
公共卫生、宏观经济等社会风险	2.52	2.44	2.34	2.32	2.23
土地长期使用不稳定性	2.55	2.42	2.31	2.28	2.32
物流运输问题	1.82	1.91	2.13	2.18	2.19

从表 3 - 3 可以看出,市场价格不确性,台风、冷害、冰雹等天气灾害,洪涝、干旱等灾害三大主要风险仍然处于各类规模水平的水稻农户的高风险类别之列,但是不同规模水平的农户群体与样本总体风险感知的差异明显。在 50 亩以上的规模经营农户群体中,农户感知的市场价格风险要比 50 亩以下的农户的略高,这说明随着经营规模的扩大,作为大宗粮食作物,农户种植水稻的利润低

下，水稻农户的稻谷市场销售能力和话语权并没有显著提高，应对市场风险的能力仍然不强，而一旦价格下跌，规模经营农户则极易出现亏损。而台风、冷害、冰雹等天气灾害，洪涝、干旱等灾害风险因其风险的发生具有区域普遍性，经营规模越大的农户越容易遭遇气象灾害风险，其应对各类气象灾害风险的能力越弱，所感知的风险就越高。

中风险因子群中的病虫害风险，对小规模水稻农户的影响大于大规模经营农户，100亩以上经营规模农户所感知的病虫害风险要比100亩及以下农户的低。据本书的调查发现，大规模经营农户一般拥有更丰富的病虫害防控经验，也采用了更多的大型植保机械设备，对病虫害风险的控制能力更强。50亩及以下小规模经营农户对人工工资上涨的风险感知比50亩以上适度规模农户低，小规模农户完全依赖家庭劳动力，对雇用工人的需求较低，因此工人工资的上涨对其影响小。管理、技术运用导致的产量波动在50亩以上适度规模农户中的感知风险更高，这说明大规模经营农户因土地规模大，生产管理存在不能兼顾全面的问题。融资困难、资金投入不确定和政府政策的变化也属于不同规模农户的中等风险群之列，较大规模农户对资金需求更大，对政府粮食支持政策的期待更高。

在低风险因子群中，不良的种子、产地收购商少或压价盘剥对于规模较大的农户而言，所感知的风险较低，而50亩及以下的中小规模农户则感知到的风险略高，这表明大规模农户有更强的经验和能力辨别种子的好坏，对销售渠道的把控能力更强。而对于缺乏技术工人，储藏保鲜问题，公共卫生、宏观经济等方面的风险因素而言，农户所感知到的风险随着经营规模的扩大而呈现扩大趋势，201亩以上规模经营农户感知到的风险最为明显。更大经营规模的农户在生产过程中要雇用工人、流转租用更多的土地，在水稻收获后还需要更多的仓储空间，因销售量加大其受公共卫生、宏观经济等社会因素风险的影响加大。

表3-4列出了不同规模水平的香蕉农户对规模经营中的风险感知差异。从表3-4可以看出，随着香蕉农户经营规模的变化，农户对不同的风险因素也表

表 3 - 4　不同经营规模的香蕉农户对规模经营风险的感知

风险因子	201 亩以上	101 ~ 200 亩	51 ~ 100 亩	31 ~ 50 亩	10 ~ 30 亩
市场价格不确定性	4.54	4.59	4.67	4.65	4.53
病虫害风险	4.46	4.52	4.44	4.45	4.11
台风、冷害、冰雹等天气灾害	4.21	4.19	4.18	4.16	4.17
管理、技术运用导致的产量波动	3.58	3.59	3.64	3.69	3.70
生产资料价格上涨	3.54	4.56	3.63	3.72	3.73
人工工资上涨	3.79	3.67	3.52	3.18	2.95
洪涝、干旱等灾害	3.24	3.41	3.44	3.52	3.58
缺乏熟练技术工人	2.89	3.02	3.05	3.26	3.35
融资困难、资金投入不稳定	3.28	3.14	2.86	2.96	3.04
不健康的种苗	2.67	2.74	2.75	2.65	2.89
储藏保鲜问题	2.78	2.75	2.68	2.56	2.47
产地收购商少或压价盘剥	2.42	2.58	2.66	2.71	2.85
公共卫生、宏观经济等社会风险	2.89	2.74	2.65	2.57	2.46
土地长期使用不稳定性	2.52	2.55	2.54	2.56	2.58
物流运输问题	2.35	2.21	2.32	2.34	2.38
政府政策的变化	2.23	2.11	2.05	2.01	1.96

现出了不同的风险感知水平，并具备一定的变化趋势。无论是市场风险还是生产过程中的各类生产风险，并不是完全随着规模的扩大而扩大，大规模的生产经营也可能会让某些风险弱化。规模的扩大无疑会让农户在风险发生后承担更高强度的风险损失，且会出现新的高风险影响因素，但农户的风险感知会随着经营规模的变化出现一定的动态变化特征。市场价格不确定性风险感知与经营规模的动态关系表明，市场价格不确定性风险是农户规模经营中的高风险因子，但香蕉的市场价格不确定性会随着生产规模的扩大出现先增加后下降的微小趋势，而病虫害风险则在不同规模农户中没有明显的变化规律。这表明，相比水稻农户，规模种植香蕉的农户具备更强的市场话语权，这也许是粮食作物与果树作物的特性决定的。根据对农户的访谈发现，大规模农户往往与下游香蕉收购商建立了多年的合

作伙伴关系，因香蕉生产在数量上存在规模优势能满足不同采购商的购果需求，在销售价格上有一定的话语权，在一定程度上保证了香蕉的销售价格，同时，大规模农户也会在香蕉销售上市之前通过市场考察、商务洽谈、参加展览展销会等多种渠道搜寻获取到销售订单，从而进一步缓解了果品的销售价格风险。而对于香蕉的病虫害风险，不同规模的农户均没有可解决的办法，从而不同规模农户的风险感知相似。

从香蕉农户对相关生产风险的感知可以看出，农户对台风、冷害冰雹等天气灾害风险的感知处于相对稳定的高风险区域，这说明极端天气灾害对不同规模的农户均具备严重损毁性。管理、技术运用导致的产量波动风险并没有表现出和水稻农户相似的变化特征，而是随着经营规模的扩大有所下降，这主要是因为香蕉的适度规模种植可以较好地实现标准化生产，规模农户在生产技术、设备上的优势能更好地实现产量的稳定。而随着规模的扩大，农户对缺乏技术工人和人工工资上涨所感知到的风险越来越大，这也说明当前农村地区高素质劳动力的缺乏，而适宜的中小型机械设备的缺失。大规模农户规模经营过程中对资金投入的风险处于中等风险等级，随着规模的继续扩大，果农对资金投入的不稳定性风险以及不能获取到农村金融贷款的风险担忧增强。小规模农户和大规模农户要比中等规模农户的资金风险大，这也进一步说明小规模农户因收入水平低导致经营中的资金风险，而大规模农户则因资金需求量大而出现资金投入不稳定的风险。香蕉的储藏保鲜问题导致的风险随着规模的扩大而增强，而小规模农户和大规模农户在物流运输问题的风险感知均高于中等规模农户。小规模农户因田地分散、果园道路设施有限，导致物流运输问题风险较高，而大规模农户因规模产量导致物流运输问题的风险增大。

综上所述，农户对规模经营的风险认知会随着经营规模的变化而呈现一定的动态变化特征。大规模经营农户对市场价格风险、病虫害风险以及产量波动风险有着一定的控制能力，但不同作物类型的农户仍然存在差异。随着土地经营规模的扩大，农户对资金融资和资金投入不稳定的风险、劳动力缺失和工人工资上涨的风险表现出了越来越强的担忧。中等规模农户在资金投入方面的风险较小，但小规模农户和大规模经营的农户则认为资金投入不稳定性以及缺乏农村金融贷款的风险较大，这也说明农村小额信贷支持对农村小农户生产经营的重要性。随着经营规模的扩大，生产资料价格的上涨，人工工资的上涨，台风、冷害、冰雹等天气灾害，储藏保鲜问题以及政府政策的变化等对农户规模经营的影响增大。

3.2　农户对适度规模经营的主要风险规避策略

农业的生产经营面临复杂多样的各种风险，而作为相对弱势的农户来讲，迫切需要外界的各种力量来帮助分担农业经营中的风险，尤其是专业化水平更高、生产投入更多、风险更大的规模经营农业中。近年来，随着农业保险的快速推进，农业保险逐步向高质量发展迈进，水稻等粮食作物基本实现农业保险全覆盖，农业保险逐渐成为农户风险分担的有力工具。然而，当前农业保险制度仅在水稻、生猪等少数大宗农产品上实现了广覆盖，地方特色农产品保险仍然覆盖较低，农业保险的保障水平也不高，农业保险市场还不健全。在广西农村地区，针对农户生产经营的风险分担与灾害补偿制度尚未建立或者已经建立但却很不完善。由于当前对农户可能遭遇的风险还缺乏有效的外部防范与处理机制，作为规模经营的农户，以家庭亲友社会网络为基础的风险分担发挥了重要作用。为了规避风险，农户自身发展出了基于事前事后的风险防范处理措施：在风险损失发生以前，通过改变生产活动的安排以保证家庭收入水平的稳定是农户防范风险的事前策略；当风险发生之后，农户为平滑消费而采取的策略是事后策略（陈传波等，2003）。另外，也有很多学者对农户的风险规避行为和措施分为以下几种：

基于家庭亲友社会网络内的风险统筹；通过借贷行为实现跨时期收入转移；生产经营中规避风险等（马小勇，2006）。根据本书的农户调查和前文的分析表明，农户规模经营所面临的主要风险是自然灾害风险、病虫害风险和市场价格不确定性风险，农户在规模经营的风险面前更多的是需要在生产经营的过程中采取事前的风险处理策略，即尽可能地通过采取一定的措施预防风险，而风险一旦发生，农户往往是处于被动接受的状态。基于此，本书为了研究的方便，将农户在规模经营的风险规避策略分为生产环节中的风险规避策略与生产环节外的风险规避策略进行分析。

3.2.1 水稻农户对规模经营风险的规避策略

3.2.1.1 规模经营水稻农户在生产环节中的风险规避策略

生产环节中的风险规避策略是指农户在规模经营过程中的生产环节通过使用各种风险规避措施来降低风险导致的产量和收入波动。在对农户的调查过程中列举了农户可能采用的多种风险规避措施，并采用李克特5分量表让农户打分的方式来衡量该项措施在农户风险规避中的重要程度。根据农户的打分均值对各风险规避措施按重要程度进行分类，将分值在4~5分的风险规避策略定义为农户的优先选择策略（以下简称首选策略），将分值在3~4分的风险策略定义为次优选择的策略（以下简称次选策略），将分值在3分以下的风险策略定义为最后再次选择的策略（以下简称再选策略）。

表3-5列出了水稻农户的规模经营风险规避策略，可以看出，平均分值最高的是采用机械化作业，这说明开展适度规模经营的水稻农户，在生产过程中采用机械化作业是降低人工成本、抵御灾害风险、实现规模经营的主要途径，是农户的首选策略；其次是多品种多元化经营，这说明开展或拟开展规模经营的农户，在生产过程中仍然很难规避各种生产风险和市场风险，实施种植结构的多元化，开展多品种多元化经营仍然是农户普遍采用的风险规避策略；再次是采用新

的技术和适宜的优良品种，在水稻的生产环节，新的技术和品种的选择至关重要，因为新的技术和优良品种能实现更高的投入产出收益，能更好地抵御自然灾害和病虫害风险，因此成为了农户的首选策略；最后是关注气象信息及时采取应对措施和及时搜寻调研市场信息等也是农户打分均值较高的首选策略类型，这些措施是农户相对容易实施、能直接起到降低风险的事前处理措施，且通过亲友、电视网络等途径是农户获取气象、市场、技术等信息的主要途径。

表3-5 规模经营水稻农户生产环节中的风险规避策略

编码	风险规避策略	均值	策略等级
RA01	采用机械化作业	4.35	首选策略
RA02	多品种多元化经营	4.24	
RA03	采用新的技术和适宜的优良品种	4.12	
RA04	关注气象信息及时采取应对措施	4.08	
RA05	及时搜寻调研市场信息	4.02	
RA06	联合批量采购农资	3.93	次选策略
RA07	及时培训技术工人	3.54	
RA08	提升稻谷种植品质	3.31	
RA09	参加合作社、"公司＋农户"等合作组织	3.30	
RA10	改善销售设施开展多渠道销售	3.19	
RA11	参加农技部门或科研院所的技术培训	3.07	
RA12	和下游加工厂签订收购协议	2.85	再选策略
RA13	尽量避开中间商进行销售	2.73	
RA14	聘请专家进行技术、风险等咨询服务	1.85	

农户的次选策略分别是联合批量采购农资，及时培训技术工人，提升稻谷种植品质，参加合作社、"公司＋农户"等合作组织，改善销售设施开展多渠道销售，参加农技部门或科研院所的技术培训，这些措施是间接帮助农户降低生产风险和市场风险的措施，其中，联合批量采购农资是规模经营农户普遍采用的风险规避策略，其打分的均值接近首选策略的分值水平。而和下游加工厂商签订收购

协议，尽量避开中间商进行销售，聘请专家进行技术、风险等咨询服务等是农户的再选策略，这也说明大多数农户种植水稻仍然以传统销售方式为主，主动建立销售渠道、订单合约销售较少，也一般不会专门聘请专家进行咨询服务。

3.2.1.2 规模经营水稻农户在生产环节外的风险规避策略

农户规模经营过程中，在生产环节中采用的风险规避策略是农户规避风险的主要措施，并以事前直接降低生产风险和市场风险的事前策略为主。另外，农户在生产环节外的风险规避策略也是农户应对风险的重要形式，这些策略主要表现在跨时期的收入转移和社会网络内的风险统筹。如表3-6所示，根据农户的打分均值，将平均分值在4~5分的风险规避策略定义为农户的首选策略，将分值在3~4分的风险策略定义为次选策略，将分值在3分以下的风险策略定义为再选策略。

表3-6 规模经营水稻农户在生产环节外的风险规避策略

编码	风险规避策略	均值	策略等级
RB01	必要时通过亲友借款渡过难关	4.35	首选策略
RB02	保持一定的个人储蓄存款	4.30	首选策略
RB03	参加农业保险	3.89	次选策略
RB04	参加非农就业工作	3.87	次选策略
RB05	和政府部门保持良好的关系	3.25	次选策略
RB06	必要时变卖固定资产应对风险损失	2.89	再选策略
RB07	申请政府惠农资金或支农项目	2.62	再选策略
RB08	通过农村金融贷款获得风险支持	2.60	再选策略
RB09	投资其他非农或涉农产业	2.45	再选策略
RB10	保持身体健康、预防个人疾病	2.36	再选策略

从表3-6可以看出，在生产环节外的风险策略中，农户的首选策略是必要时通过亲友借款渡过难关和保持一定的个人储蓄存款两个风险策略。通过向亲友借款渡过难关是农户基于家庭亲友社会网络内的风险统筹，也是风险发生后农户

最常用最有效的风险规避措施。然而农户亲友网络的借款能力、亲友出于还款风险的考虑对借款数量的控制等一定程度上会限制农户风险规避的作用。保持一定的个人储蓄存款，以防风险发生后使用是农户通过正规金融市场实现的跨时期收入转移的主要形式，也是农户的首选策略之一，而农户往往因规模经营中投资大、流动资金多的限制，农户能够存钱留在后期使用的数量非常有限。因此，必要时通过亲友借款渡过难关、保持一定的个人储蓄存款是农户在生产环节之外的首选风险策略，但是其风险规避作用均受到一定的限制。

参加农业保险、参加非农就业工作、和政府部门保持良好的关系是规模经营农户的次选策略。当前水稻农业保险在广西各粮食主产区基本实现了全覆盖，纵然农业保险的保障水平不高，但保费可以得到政府 80% 的补贴，保额也在近年有所提高，农户对水稻保险表现出了一定的青睐，但因农业保险的查勘定损、理赔等方面仍然与农户的预期存在一定差距，农业保险在农户规模经营中发挥风险补偿作用还有较大提升空间。开展规模经营的农户参加非农工作则意味着风险发生后农户的兼业化，甚至规模经营的终止，也可能是部分农户无法继续维持生产经营，且不能通过亲友借贷和自有储蓄资金实现风险规避后的被迫选择。和政府部门保持良好关系作为农户的次选策略，这表明农户在风险发生前后希望获取到政府相关支持和资助的心理诉求。

农户的再选策略主要包括必要时变卖固定资产应对风险损失，通过农村金融贷款获得风险支持，申请政府惠农资金或支农项目，投资其他非农或涉农产业，保持身体健康、预防个人疾病，这也进一步表明正规的风险规避机制的作用非常有限。在农户发生严重生活困难时可能变卖部分固定资产，如农业机械、交通运输工具、土地等。然而，农户在以上这些策略之后才会选择正规的农村金融机构信贷支持、政府支持和投资其他产业等策略。实际上大多数普通农户从金融机构获得足额的信贷支持和政府惠农资金仍然非常困难，政府的惠农补贴或灾害补偿往往非常有限，而农户自身受信贷和资金约束的限制，投资其他产业也比较困难。因此无论是信贷支持、政府支持还是转投其他产业，其在农户的风险规避作用中均甚微。保持身体健康、预防个人疾病实际上是一种防止因病导致的未来劳动力和收入风险的保守措施，农户往往在日常生活中很难做到最好，因劳累和农村医疗水平低下等原因农户的身体健康往往难以得到保证。

3.2.2 香蕉农户对规模经营风险的规避策略

3.2.2.1 规模经营香蕉农户在生产环节中的风险规避策略

和前文水稻农户的风险规避策略分析类似，本书在对香蕉农户的调查过程中列举了农户可能采用的多种风险规避措施，并采用5分量表让农户打分的方式来衡量该项措施在农户风险规避中的重要程度。从表3-7可以看出，平均分值最高的是多品种多元化经营，这说明开展或拟开展规模经营的香蕉农户，在生产过程中实施种植结构的多元化，开展多品种多元化经营仍然是农户普遍采用的风险规避策略。农户的首选策略其次是采用无病毒的优良果苗、及时改种适宜的优良品种，在香蕉果树的生产环节，受香蕉枯萎病的影响，品种和果苗的选择至关重要，优良的品种和果苗一方面具备更好的抵御病虫害的能力，另一方面也可能带来良好的市场价格收益。最后，及时搜寻调研市场信息、采用新的技术和机械设备也是香蕉农户打分均值较高的首选策略类型，这些措施容易实施，能直接起到降低生产成本、降低风险的作用。

表3-7 香蕉农户在生产环节中的风险规避策略

编码	风险规避策略	均值	策略等级
BA01	多品种多元化经营	4.31	
BA02	采用无病毒的优良果苗	4.28	
BA03	及时改种适宜的优良品种	4.16	首选策略
BA04	及时搜寻调研市场信息	4.07	
BA05	采用新的技术和机械设备	4.02	

续表

编码	风险规避策略	均值	策略等级
BA06	联合批量采购农资	3.92	次选策略
BA07	参加合作社、"公司＋农户"等合作组织	3.51	
BA08	和下游果品采购商签订收购协议	3.34	
BA09	参加农技部门或科研院所的技术培训	3.31	
BA10	及时培训工人	3.22	
BA11	尽量避开中间商进行销售	3.01	
BA12	改善销售设施、培训销售人才	2.37	再选策略
BA13	聘请专家进行技术、风险等咨询服务	2.30	
BA14	将果品出口到国际市场	1.81	

农户的次选策略分别是联合批量采购农资,参加合作社、"公司＋农户"等合作组织,和下游果品采购商签订收购协议,参加农技部门或科研院所的技术培训,及时培训工人,尽量避开中间商进行销售,这些措施可以帮助香蕉农户降低生产风险和市场风险。其中联合批量采购农资,参加合作社、"公司＋农户"等合作组织,是规模经营蕉农普遍采用的风险规避策略。另外,尽量避开中间商进行销售是农户的次选策略,但分值不高,主要是因为农户在销售过程中不容易避开中间商进行销售,香蕉的市场销售仍然以中间商销售为主。改善销售设施、培训销售人才,聘请专家进行技术、风险等咨询服务,将果品出口到国际市场是农户的再选策略,这也说明大多数农户种植的香蕉主要是供国内销售,以家庭经营为主,一般没有专门的销售人才队伍,一般也不会专门聘请专家进行咨询服务。

3.2.2.2 规模经营香蕉农户在生产环节外的风险规避策略

农户在规模经营过程中,在生产环节中采用的风险规避策略是农户规避风险的主要措施,并以事前直接降低生产风险和市场风险的事前策略为主。另外,农户在生产环节外的风险规避策略也是农户应对风险的重要形式,这些策略也表现在跨时期的收入转移和社会网络内的风险统筹。如表 3 - 8 所示,根据香蕉农户的打分均值,将平均分值在 4～5 分的风险规避策略定义为香蕉农户的首选策略,将分值在 3~4 分的风险策略定义为次选策略，将分值在 3 分以下的风险策略定义为再选策略。

表 3-8　香蕉农户在生产环节外的风险规避策略

编码	风险规避策略	均值	策略等级
BB01	必要时通过亲友借款渡过难关	4.40	首选策略
BB02	保持一定的个人储蓄存款	4.34	
BB03	参加非农工作	3.88	次选策略
BB04	投资其他非农或涉农产业	3.78	
BB05	和政府部门保持良好的关系	3.35	
BB06	必要时变卖固定资产应对风险损失	2.91	再选策略
BB07	通过农村金融贷款获得风险支持	2.80	
BB08	参加农业保险	2.79	
BB09	申请政府惠农资金或支农项目	2.78	
BB10	保持身体健康、预防个人疾病	2.55	

从表 3-8 可以看出，在生产环节外的风险策略中，香蕉农户的首选策略跟水稻农户相似，也是必要时通过亲友借款渡过难关、保持一定的个人储蓄存款两个风险策略。香蕉农户相比水稻农户，开展香蕉种植的规模经营具有高风险高收益的特征，香蕉农户单位种植面积的资金需求也远高于水稻农户，通过向亲友借款渡过难关也是香蕉农户常用的有效风险规避措施；因香蕉市场价格波动大，加上枯萎病的威胁，香蕉的种植经常出现一年亏损一年赚钱的情形，因而对于香蕉农户而言保持一定的个人储蓄存款，以防风险发生后使用也是农户的首选策略之一。

参加非农工作、投资其他非农或涉农产业、和政府部门保持良好的关系是香蕉农户的次选策略。开展规模经营的香蕉农户参加非农工作则意味着风险发生后农户的兼业化或非农化，这也意味着香蕉规模经营的萎缩甚至终止。相比水稻农户，香蕉农户拥有更高的现金流，香蕉农户也更具资金实力，因而在香蕉经营出现较大风险的时候，转向别的非农或涉农产业也是香蕉农户常用的风险转移方式。如近年来，受香蕉枯萎病的影响，广西多地出现香蕉农户转向投资种植沃柑、火龙果的情形。和政府部门保持良好关系作为农户的次选策略，这表明农户在风险发生前后仍然对政府相关支持和补偿持有较高的依赖心理。

农户的再选策略主要包括必要时变卖固定资产应对风险损失，参加农业保险，通过农村金融贷款获得风险支持，申请政府惠农资金或支农项目，保持身体健康、预防个人疾病，这也进一步表明正规的风险规避机制的作用非常有限。和水稻农户相似，香蕉农户在发生严重生活困难时也可能变卖部分固定资产，在此之后才会选择农业保险、金融机构贷款等正规的风险规避措施。因而，正规的风险分担机制对香蕉农户所发挥的风险规避作用也较弱。当前农业保险、台风巨灾保险等在广西香蕉产业中还处于零星覆盖状态，而农村金融机构贷款因贷款困难、额度小等原因也不受农户青睐，还不能在农户规模经营中充分发挥风险规避作用。

3.2.3　不同规模农户的风险策略选择差异

因不同经营规模的农户存在不同的家庭环境，具备不同的家庭经济基础和社会网络资源，他们在对待规模经营风险的过程中采取的风险规避方式可能存在一定的差异。总体而言，农户在生产环节中的各种风险规避措施具有较大的差异性，而在非生产环节中的各种风险规避措施相似性较多。

3.2.3.1　不同经营规模水稻农户的风险规避策略差异

按照表3-5和表3-6中对水稻农户风险处理策略的编码，将不同规模农户在生产环节和非生产环节领域的风险策略进行分组比较分析，具体结果如表3-9和表3-10所示。农户在生产过程中通过自己力所能及的措施进行风险预防和控制是农户规模化经营的主要风险应对方式，然而因农户经营规模水平的差异，以及农户家庭收入与投资水平的约束限制，往往小规模农户的风险规避策略比较有限。

如表3-9所示，在规模经营水稻农户打分值处于4~5分的首选策略中，50亩及以下经营规模的农户的首选策略要少于50亩以上的规模经营农户，而再选策略中则多于50亩以上的规模经营农户，即随着经营规模的扩大，农户会采取更多的风险措施来防范规模经营过程的更大风险损失。50亩及以下规模农户的首选策略更偏向于多品种多元化经营、采用机械化作业、采用新的技术和适宜的优良品种，而50亩以上规模经营农户则在生产风险控制方面更偏向于及时关注气象信息并采取应对措施、及时搜寻市场信息等首选策略。因此，随着经营规模的扩大，农户更加注重市场风险，对新的技术和设备有着更强的运用需求，且当规模持续扩大之后，机械化和多品种多元化经营仍然是大规模经营水稻农户分散风险的首选策略。

表3-9　不同经营规模水稻农户在生产环节中的风险规避策略

策略等级	10~30亩	31~50亩	51~100亩	101~200亩	201亩以上
首选策略	RA01 RA02 RA03	RA01 RA02 RA03 RA04	RA01 RA02 RA03 RA04 RA05	RA01 RA02 RA03 RA04 RA05	RA01 RA02 RA03 RA04 RA05
次选策略	RA04 RA05 RA08 RA09 RA11	RA05 RA08 RA09 RA11	RA06 RA07 RA08 RA09 RA10 RA11	RA06 RA07 RA08 RA09 RA10 RA11	RA06 RA07 RA08 RA09 RA10 RA13
再选策略	RA06 RA07 RA10 RA12 RA13 RA14	RA06 RA07 RA10 RA12 RA13 RA14	RA12 RA13 RA14	RA12 RA13 RA14	RA11 RA12 RA14

注：风险策略的编码同表3-5。

从不同规模水稻农户的次选策略和再选策略来看，50 亩及以下小规模农户因自身经验规模不大，对联合批量购买农资、及时培训技术工人、改善销售设施开展多渠道销售等次选策略运用较少，而 50 亩以上规模经营农户则更偏好这些措施。另外，对于 200 亩及以下规模的农户对参加农技部门和科研院所的技术培训需求较高，农户均将其作为优先选择的次选策略，而 201 亩及以上的农户对参加农技部门和科研院所的技术培训则缺乏积极性，这可能是因为大规模农户具备更强的技术知识获取能力，而小规模农户因自身禀赋条件限制对农技部门和科研院所的技术培训存在更多的需求。适度规模经营农户均有避开中间商进行销售的强烈愿望，有参加合作社、"公司＋农户"等合作组织的积极性，而现实中往往因农村合作组织发展参差不齐、服务功能欠缺不能充分实现对小规模农户的技术服务和市场销售服务供给。

农户在生产环节外的风险措施往往较少，且很难通过正规的风险规避机制予以分担，不同规模水稻农户在生产环节外的风险规避策略具有一定的相似性。按照表 3 - 6 中对水稻农户风险处理策略的编码，将不同经营规模水稻农户在生产环节外的风险策略进行分组比较，具体结果如表 3 - 10 所示。

从表 3 - 10 可以看出，必要时通过亲友借款渡过难关、保持一定的个人储蓄存款是不同经营规模水稻农户的共同首选策略，但 100 亩以上适度规模经营农户更加注重农业保险对风险的分担和管理作用。不同规模农户均将参加非农工作作为次选策略之一，这进一步证实参加非农工作是应付各种风险的重要手段，而随着规模的扩大，农户逐渐向专业化种植转变，但一旦遇到重大风险损失，农户仍然只能通过放弃规模经营参加非农工作来维持生计。农户在生产种植环节外的风险规避手段非常有限，要么靠自己平时的储蓄留作后期风险发生后使用、要么通过自己的亲友社会网络借款来渡过难关。100 亩以上经营规模农户因拥有更多的农业生产机械、土地等资产，必要时变卖固定资产应对风险损失也成为其再选策略。且 100 亩以上经营规模农户更期望通过申请政府惠农资金或支农项目获得风险支持，对政府粮食支持政策的依赖性更强，这也许是因为较大规模农户的水稻生产利润低下，而政府相关惠农资金或生产补贴的支持已成为其粮食适度规模经营的重要收益来源和风险保障。

表 3 – 10　不同经营规模水稻农户在生产环节外的风险规避策略

策略等级	10 ~ 30 亩	31 ~ 50 亩	51 ~ 100 亩	101 ~ 200 亩	201 亩以上
首选策略	RB01 RB02	RB01 RB02	RB01 RB02	RB01 RB02 RB03	RB01 RB02 RB03
次选策略	RB03 RB04 RB05	RB03 RB04 RB05	RB03 RB04 RB05	RB04 RB05 RB06 RB07	RB04 RB05 RB06 RB07
再选策略	RB06 RB07 RB08 RB09 RB10	RB06 RB07 RB08 RB09 RB10	RB06 RB07 RB08 RB09 RB10	RB08 RB09 RB10	RB08 RB09 RB10

注：风险策略的编码同表 3 – 6。

3.2.3.2　不同经营规模香蕉农户的风险规避策略差异

按照表 3 – 7 和表 3 – 8 中对香蕉农户风险处理策略的编码，将不同规模农户在生产环节领域和非生产环节领域的风险策略进行分组比较分析，具体结果如表 3 – 11 和表 3 – 12 所示。

如表 3 – 11 所示，在香蕉农户的首选策略中，10 ~ 30 亩经营规模的香蕉农户的首选策略只有 2 个，即多品种多元化经营、及时改种适宜的优良品种，以期望通过多样化经营和更好的种苗来减少未来的生产风险和市场风险。而随着经营规模的扩大，香蕉农户生产环节过程中则可以实施更多的首选策略，如 100 亩以上规模香蕉农户的首选策略则达到 6 个，即随着规模的扩大，香蕉农户会采取更多的风险措施来防范规模经营过程的更大风险损失,这些策略中的主要风险措施与前文所分析的全体样本农户的首选策略基本一致,也略有差异。50 亩及以下规模农户的首选策略更偏向于多品种多元化经营、采用无病毒的优良果苗、及时改种适宜的优良品种等,而 50 亩以上规模经营农户则会进一步通过及时搜寻调研市场信息、采用新的技术和机械设备、联合批量采购农资等首选策略应对适度规模经营过程中的风险。因此,随着经营规模的扩大,香蕉农户越来越注重市场风险的防范,对新的技术和设备有着更强的运用需求。

表 3 – 11 不同经营规模香蕉农户在生产环节中的风险规避策略

策略等级	10 ~ 30 亩	31 ~ 50 亩	51 ~ 100 亩	101 ~ 200 亩	201 亩及以上
首选策略	BA01 BA02	BA01 BA02 BA03	BA01 BA02 BA03 BA04 BA05	BA01 BA02 BA03 BA04 BA05 BA06	BA01 BA02 BA03 BA04 BA05 BA06
次选策略	BA03 BA04 BA05 BA06 BA07 BA08 BA09 BA10	BA04 BA05 BA06 BA07 BA08 BA09 BA10	BA06 BA07 BA08 BA09 BA10 BA11	BA07 BA08 BA09 BA10 BA11	BA07 BA08 BA09 BA10 BA11 BA12
再选策略	BA11 BA12 BA13 BA14	BA11 BA12 BA13 BA14	BA12 BA13 BA14	BA12 BA13 BA14	BA13 BA14

注:风险策略的编码同表 3 – 7。

从不同规模农户的次选策略和再选策略来看,小规模农户对市场信息的搜寻能力较弱,对采用新的技术和机械设备也会更加谨慎,50 亩及以下的农户将其作为次选策略，而50亩以上规模农户则希望通过机械新的技术和机械设备来降低生产中的风险。香蕉农户的市场风险和生产风险均高于水稻，从而相比水稻农户，香蕉农户有着更强参加合作社、"公司＋农户"等合作组织的积极性，也更希望尽量避开中间商进行销售。但小规模农户因经营规模不足，或者因合作组织的生产服务能力不足，往往小规模农户不易通过改善销售设施、培训销售人才以及尽量避开中间商进行市场销售，因而成为了50亩及以下农户的再选策略，而改善销售设施、培训销售人才只有201亩及以上农户作为次选策略。

香蕉农户在生产环节外的风险措施也往往不多，通过正规的风险规避机制分担风险的能力也较弱。按照表3－8中对农户风险处理策略的编码，不同经营规模香蕉农户在生产环节外的风险策略分组比较结果如表3－12所示。

表3－12　不同经营规模香蕉农户在生产环节外的风险规避策略

策略等级	10~30亩	31~50亩	51~100亩	101~200亩	201亩及以上
首选策略	BB01 BB02 BB03	BB01 BB02 BB03	BB01 BB02	BB01 BB02	BB01 BB02
次选策略	BB04 BB05	BB04 BB05	BB03 BB04 BB05	BB03 BB04 BB05 BB06 BB07	BB03 BB04 BB05 BB06 BB07
再选策略	BB06 BB07 BB08 BB09 BB10	BB06 BB07 BB08 BB09 BB10	BB06 BB07 BB08 BB09 BB10	BB08 BB09 BB10	BB08 BB09 BB10

注：风险策略的编码同表3－8。

可以看出，必要时通过亲友借款渡过难关、保持一定的个人储蓄存款是不同经营规模香蕉农户的共同首选策略。50亩及以下规模的香蕉农户同时也将参加非农工作作为首选策略之一，这进一步证实农户一旦出现规模经营不可持续则只能参加非农工作来维持生计。农户在生产种植环节外的风险规避手段非常有限，要么靠自己平时的储蓄留做后期风险发生后使用、要么通过自己的亲友社会网络借款来渡过难关。但与水稻农户相比，香蕉农户的经济实力总体要强于水稻农户，不同经营规模的香蕉农户均将投资其他非农或涉农产业作为次选策略。和小规模农户相比，大规模香蕉农户似乎在生产种植环节外拥有更多的风险处理措施，如参加农业保险、通过农村金融贷款获得风险支持的优势。然而因大规模经营的风险更大，资金需求更多，往往大规模经营农户遇到规模性风险损失后显得更加困难，而小规模农户遇到风险后则可以必要时通过亲友借款渡过难关、参加非农工作等方式来弥补风险损失以及风险发生后的生产恢复。

规模较大的农户普遍认为农村小额信贷额度太低、申请难度大等原因无法满足风险发生后的收入波动以及生产恢复所需要的资金需求，因此，只能将其作为次选或再选策略，甚至不予考虑通过金融贷款渡过难关。农业保险因处于缺失状态，目前只有个别地区的个别年份开展了香蕉保险的试点和实施，所以不同规模农户还存在不同的看法，但据本书所开展的调查发现，适度规模经营的香蕉农户对农业保险的需求强烈。不同规模农户均将和政府部门保持良好的关系作为重要的风险规避策略，这表明农户始终对政府部门有着较强的依赖性，一方面希望通过政府部门获取有关生产经营的市场、技术、品种等信息，另一方面也希望政府部门能在风险发生后给予救助和补偿。

3.3　农户对适度规模经营风险的自我分担机制

3.3.1　基于农户家庭网络内的风险自我分担机制的形成过程

本书将农户在长期的发展实践中，在风险发生前的生产经营过程中采取的各种措施来稳定生产经营收入以及在风险发生后的生产过程外采取社会网络内的借贷、动用储蓄、参加非农劳动等措施来应对风险带来的收入波动等称为农户家庭网络内的风险自我分担机制。如前文所述，适度规模经营农户在规模经营的过程中可能会遇到各种风险导致农作物产量损失或者收入减少，但是农户的风险规避措施却更多地依赖于农户在生产种植环节的自我风险规避措施，农户通过农业保险等正规风险处理途径的风险分担仍然非常有限，甚至缺失，这必然导致适度规模经营农户在生产过程中基于家庭网络内的风险处理机制的形成。

根据农户的风险处理过程，本书描绘了农户基于家庭网络内的风险自我分担机制的形成框架，如图 3-1 所示。对于以规模经营种植水稻和香蕉的农户来说，农户主要收入来源于开展规模化的生产种植后的农产品销售收入，而一旦遇到自然灾害、病虫害、市场价格下跌等生产经营风险，农户的收入就会出现减少，进而影响农户的家庭消费以及后期的生产投入。本书将农户因各种风险引起的收入波动冲击称为风险冲击，将农户从农村正规金融机构、政府和非农市场等方面可

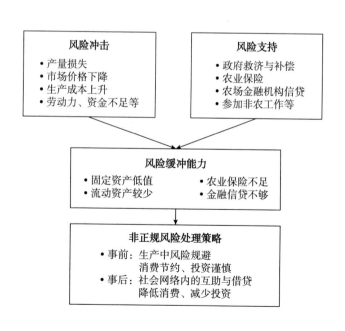

图 3-1　农户规模经营的风险自我分担机制形成框架

以获取的帮助称为风险支持，农户通过自有资产和各种风险支持途径所能获取的风险分担归为农户的风险缓冲能力。在风险发生前，农户可以在生产过程中尽量选择风险相对较低的方式开展农业的生产经营，如多样化种植、谨慎投资等；在风险发生后，农户可以选择使用资产变卖、消费平滑以及外部支持来应对收入的冲击。农户为了防止随时到来的风险冲击给家庭生活造成较大影响，在平时的生活和生产过程中就会在资产、收入、外部支持以及规模经营的投资水平上选择平衡并做出相应的决策。

图 3-1 表示农户在规模经营过程中遭遇风险冲击后，农户为了维持家庭的消费，保持生产经营的持续，防止生活不出现严重困难，农户需要判断家庭可能遭遇的风险冲击和克服冲击时可得到的外部支持，并据此配置家庭的资产、收入和消费资源。本书的农户调查结果显示，农户形成了事前在生产中风险规避、消费上节省、经营投资谨慎的风险处理策略，事后在社会网络内获取援助和借贷、降低消费和减少投资的风险处理策略。农户对未来明显的收入不确定感、难以获得的外部支持和薄弱的风险缓冲能力共同决定了农户家庭网络内的风险自我分担机制的形成。

因大多数农户不能通过期货市场、保险市场等农村金融市场获得风险分担，而农村金融机构出于风险的考虑，在缺乏金融机构认可的有效抵押物的情况下，大多数农户往往很难获得农村金融机构的足额信贷来缓解风险发生后的燃眉之急。农村社会是一个高度重视社会关系的人情社会，无论城市还是农村所普遍存在的社会网络对农户的生产经营等经济活动产生了重要影响，农户基于家庭亲友社会网络的帮助与借贷形成了农户自我风险分担机制的重要内容。如本书田野调查中的水稻和香蕉农户，农户在当地农资店购买的农资可以在稻谷、香蕉收获销售后付款，从而有助于缓解农户规模经营的资金压力；农户亲朋好友间的互相帮助有助于缓解风险发生后的收入波动以及农户对种植技术、市场信息的获取。农户亲友之间的人情往来，使得平时联系亲密的亲友之间有责任和义务在对方遇到困难时互相帮助，但这种"义务性"有时也可能演变成"藏富装穷"的文化，因为即使在非常亲密的亲友之间也存在信息不对称的问题（邰秀军等，2009），从而限制了农户社会网络内的借贷所能覆盖的风险保障作用。

3.3.2 农户规模经营的风险自我分担机制的不足及负面效应

在农业保险市场和农村信贷市场发育充分的条件下，农户可以通过正规的和基于农户自身的事后风险处理机制来处理规模经营中的风险，以保证农户在生产中的技术创新积极性和专业化程度，并提高农户规模经营的效率。但如前文所述，在现阶段正规风险处理机制仍然严重缺失，农户事后的风险自我分担机制又受到诸多限制，致使农户不得不更多地依赖生产中的风险规避和收入平滑等机制来规避风险，导致农户对规模经营形成不同风险偏好及多种负面影响，具体包括：

第一，规模经营效率损失。国内已经有很多学者对农户规模经营的效率问题进行了研究，规模经营会帮助农户带来收入的增加，但不一定带来规模经济和规模效率（许庆等，2011）。而实际上规模经营中的风险以及农户家庭网络内的风险自我分担机制也导致了农户规模经营效率的损失。在农户的规模经营选择过程中，由于大多数农户的规模一般是适度的中小规模，而农户为了规避风险可能会选择多元化经营，如本书调查中发现，种植水稻的农户会同时考虑种植传统优质稻和杂交稻甚至还有部分农户开展养殖项目，种植香蕉的农户也会种植不同的香蕉品种并错开上市期，有的农户甚至种植和养殖多个不相关的品种类别，如有农户同时种植香蕉、柑橘和火龙果，并参加非农工作等。而农户通过多元化经营处理风险会导致农户分工不足和农地流转不足并带来效率的降低（马小勇，2007）。在农户种植规模不是太大的情况下，农户同时种植多种农作物，这就使农户专业化水平提升缓慢，从而导致生产效率的降低。另外，多数农户为了降低风险，对新生产技术和新市场机会的反应相对缓慢，在新技术和新设备等应用方面，农户总是保持谨慎的态度。对可能带来更高市场收益的新品种，大多数农户往往最初持观望态度，当观察到他人获得较高收益之后则一拥而上，导致生产结构与市场需求脱节，降低了资源配置效率。

第二，农户收入差距的拉大。农户为了应对风险，在风险发生前往往表现出节俭并尽量储蓄，以防在风险发生后通过调用储蓄来应对风险，农户依赖收入平滑机制来处理风险会导致收入差距扩大（Dercon，2002；马小勇，2007）。农户一年中的家庭经营收入可能非常集中于少数几个月内，如收获季节，而且由于自然风险与市场风险的交织，使这些集中在少数月份的收入会在各年间出现较大波动。而农户的消费也同样具有集中性和不确定性的特征，某些大额消费开支在特定季节存在支出刚性，如子女开学时的学费支出，一些不可预期的支出则存在不确定性（陈传波，2007），这就促使农户使用收入的平滑来实现消费的平滑。而据本书的调查和已有文献的研究发现，富裕的农户往往有较多的实物和金融资产，如汽车和房产等，较多的资产意味着他们更有可能向银行提供抵押，或者可以作为传递其收入水平的信号，更加容易获得金融机构的贷款或者亲友网络内的借款。结果富裕的农户可能在生产决策过程中更少地考虑风险问题，具有一定的风险偏好性，其专业化程度和规模化水平会更高，对新技术和新市场机会的态度会更加积极，生产经营的效益会更高，从而进一步提高收入水平。而贫穷农户的情况则正好相反。这种机制会反复发生作用，使收入差距不断扩大。

福利损失及规模经营困难。当农户在通过收入平滑、社会网络内的借贷等措施仍然无法分担风险损失的时候，农户将被迫直接面对风险，被动地承受收入下降所带来的不利后果，例如，减少消费并降低家庭成员的生活质量、放弃对子女的教育投资、推迟对疾病的治疗、出售固定资产、降低经营规模或流转出土地等。这显然会对农户长期的生产效率构成严重的不良影响并导致农户规模经营的不可持续。而往往开展规模经营的农户，因对生产经营的投资大，遭受风险的损失更高，更容易直接面对风险。因此，规模经营的农户在遭受重大风险损失后可能更容易陷于长期低效率的状态，这可能会导致农户陷入贫困陷阱和规模经营的不可持续。

3.4 本章小结

本章在对农户田野调查研究的基础上，分析了水稻农户和香蕉农户对适度规模经营的风险认知及风险规避策略，并比较分析了不同经营规模农户的风险认知差异和风险规避策略差异，并在此基础上总结了农户对规模经营风险的自我分担机制。从研究结果来看，市场价格不确定性风险，台风、冷害冰雹等天气灾害风险，洪涝、干旱等灾害，病虫害风险等仍然是目前广西农户开展适度规模经营中最为主要的风险，其次是管理、技术运用导致的产量波动，生产资料价格上涨，人工工资的上涨等风险。不同经营规模的农户对风险的认知存在差异，相比小规模农户，较大规模农户对市场风险有着一定的控制能力，但受人工工资成本的上涨以及管理、技术运用导致的产量波动等风险的增加，大规模农户可能面临更大的产量波动风险和成本收益风险。规模的扩大会让农户在风险发生后承担更高强度的风险损失，农户的风险认知也会随着经营规模的变化出现动态变化的过程。

由于正规风险处理机制的缺失或不完善，农户不得不依靠自身的力量来规避风险，事前生产经营中的风险规避是农户规避风险的主要措施，如多品种多元化经营、及时搜寻调研市场信息、采用新的技术和适宜的优良品种等，依靠外部力量则主要来源于农户家庭亲友网络内的借贷和帮扶。不同规模农户因存在不同的家庭环境，具备不同的家庭经济基础和社会网络资源，他们在对待风险的过程中采取的风险规避方式也存在一定的差异。农户对未来明显的收入不确定感、难以获得的外部支持和薄弱的风险缓冲能力共同决定形成了农户的风险自我分担机制。即农户事前在生产中风险规避、消费上节省、经营投资谨慎等，以及事后在社会网络内获取援助和借贷、降低消费和减少投资等风险处理策略。农户的规模经营风险过多地依赖自我分担，会导致农户规模经营的效率损失、福利减少和农户间的收入差距拉大等负面效应。

第4章 适度规模经营农户的风险偏好测度及影响因素

随着实验经济学的发展以及"前景理论"的广泛运用，学者发现人们在面临未来不确定性进行决策时往往会出现偏离经济学的最优行为假定模式，人们的判断和决策通常会受到其情绪、理念与偏好的影响而出现系统性的认知偏差，且同一问题在不同框架下会显示出不同的偏好（D. Kahneman，1979）。对处于各种农业风险环境中的农户来说，农户似乎天生就持有风险规避的态度，往往采用保守的生产行为来规避风险。但随着农业生产结构的调整和经营规模的扩大以及技术进步和农业生产水平的提高，农户的风险偏好也表现出了较大的差异性，并对农户的生产决策带来不同的影响。

风险偏好的研究是风险管理研究领域的热点问题，Pratt（1964）和 Arrow（1964）最早通过效用曲线来刻画风险偏好，并将风险偏好划分为风险厌恶、风险中立和风险追寻三类。关于风险偏好的度量问题，国际学术界已通过多种方法展开了较多的研究，如直接构建观测者或农户的效用函数进行测算，基于实验假设的确定性等价方法，通过消费者的行为进行观察推断以及彩票选择行为实验方法等（Dillon 和 Scandizzo，1978；Binswanger，1980；Weber 等，2002；Holt 和 Laury，2002；Hansson 和 Lagerkvist，2012）。而基于彩票选择行为实验的方法测度农户的风险偏好具有操作方便、容易向农户解释等特点，越来越被国内外学术界认可。为此，本章采用农户自评估和基于真实生产情景的彩票选择实验方法量化测度农户的风险偏好，进而研究分析农户风险偏好的影响因素。

4.1　适度规模经营农户的风险偏好测度

4.1.1　适度规模经营农户的风险偏好自评

风险偏好是人们对风险选择行为的态度，风险偏好的大小其本质来源于该项风险选择行为可能带来的期望收益以及人们对该项行为的风险感知，而对于某项风险选择行为而言，对于期望收益和感知风险，不同的人可能会对同一个风险选择行为形成不同大小的水平值，从而形成人们不同的风险偏好。如在彩票游戏中，大多数人在面临获得时是风险规避的，即感知风险的系数偏向负数的一面；在面临确定性损失时是风险偏爱的，即感知风险的系数偏向正向的一面。

为简化研究，本章采用本书所开展的农户调查数据，采用农户自评和基于农户适度规模经营的相关风险文字描述来测度农户的风险偏好水平。农户对自身风险偏好的自评采用 9 分量表打分的方法进行评价，即农户评价自己在日常的农业生产经营过程中是否是一个敢于冒险的人，农户根据自己的自评分别赋值 1~9分，1 代表完全不敢冒风险，9 代表非常敢于冒风险，如表 4-1 所示。在界定农户风险偏好差异时，将农户自评结果取值在 1~4 定义为风险规避，5 代表风险中性，取值在 6~9 定义为风险偏好。

表 4 - 1　农户风险偏好的自我评价

风险偏好自评描述	打分值
对待生产经营的风险，您如何看待您自己，您认为自己是一个敢于冒风险或规避风险的人吗？（请您在右侧的分值空白格内打钩，1 代表完全不冒险，9 代表非常敢冒险，请您对自己的风险偏好程度在 1~9 打分）	□1（完全不敢冒险） □2 □3 □4 □5 □6 □7 □8 □9（非常敢于冒风险）

为验证农户自评结果的真实性和准确性，进一步采用如下文字描述的方式对农户风险偏好的自评结果进行检验：

第一，"我会投入更多的资金用于降低和防范规模经营中的各种风险，因为这些农业规模经营中的风险会让我对农场收益感到担忧和不安"。

第二，"我不会因为农业生产经营风险而增加投入风险管理资金，因为我不在乎这些农业规模经营中的风险"。

第三，"我会投入更多的资金来开展风险更高的农业规模经营项目，因为我喜欢有风险的农业经营项目"。

基于以上文字描述询问农户并让农户选择一个最认可的说法，如果农户选择第一个描述，则认为农户是风险规避，第二个表示风险中性，第三个代表农户偏好风险。

基于以上两种简单的自评方法，农户风险偏好的自评结果如表 4 - 2 所示。从农户风险偏好自我感知的量表评价和基于文字描述的风险偏好自评结果可以看出，两种自评结果比较接近，但也存在一定的差异，但总体而言大多数农户表现出了较强的风险规避态度。从水稻农户的风险偏好自评结果可以看出，水稻农户中接近 80% 的农户持风险规避偏好，而偏好风险和风险中性的农户均只有 10%

左右。而从香蕉农户的风险偏好自评结果来看，香蕉农户偏好风险的比例远高于水稻农户，香蕉农户中两种自评方法测度的偏好风险人数分别为13.5%和21.4%，而风险规避的香蕉农户约占70%。基于两种风险偏好自评方法的风险偏好测度结果表现出了相似的差异，即基于文字描述的风险偏好自评方法测度得到的偏好风险的农户数量增加，风险规避的农户减少，这表明采用不同的自评方法可能会形成农户风险偏好自评结果的差异，从而导致农户风险偏好测度的偏差，因而基于农户自评的风险偏好测度仍然存在一定的局限性。

表4-2 水稻农户和香蕉农户的风险偏好自评结果　　　　　单位：%

评价方法	风险类型	水稻农户（N=431）	香蕉农户（N=240）
农户自评	风险规避	79.8	70.9
	风险中性	9.5	10.6
	风险偏好	10.7	18.5
描述评价	风险规避	78.2	69.4
	风险中性	8.3	9.2
	风险偏好	13.5	21.4

4.1.2 基于彩票选择实验的农户风险偏好测度

为更进一步科学测度农户的风险偏好，在农户调查过程中，进一步采用近年来国内外比较流行的彩票选择实验方法测度农户的风险偏好。基于彩票选择的实验方法具有操作简单，容易向农户解释，能计算出具体的农户风险规避系数等特点，是当前国内外比较认可的风险偏好测度方法。沿用 Binswanger（1983）、Holt 和 Laury（2002）、Lusk 和 Coble（2005）、Yesuf Mahmud（2009）等的彩票实验设计方法，进一步改进和完善实验方案，假定适度规模经营农户在水稻或香蕉农业生产活动中，按照与此相适应的收益匹配安全选项，并引入基于农户真实生产情景的彩票选择多元价格序列（MPL）行为实验测度适度规模经营农户的风险偏好（Menapace 等，2013）。具体的实验方案如表 4 - 2 所示。

表 4 - 3　基于适度规模农户真实生产情景的 MPL 实验设计

序号	实验方案 A	实验方案 B
1	10% 概率获得 1 万元，90% 概率获得 8 千元	10% 概率获得 1.9 万元，90% 概率获得 1 千元
2	20% 概率获得 1 万元，80% 概率获得 8 千元	20% 概率获得 1.9 万元，80% 概率获得 1 千元
3	30% 概率获得 1 万元，70% 概率获得 8 千元	30% 概率获得 1.9 万元，70% 概率获得 1 千元
4	40% 概率获得 1 万元，60% 概率获得 8 千元	40% 概率获得 1.9 万元，60% 概率获得 1 千元
5	50% 概率获得 1 万元，50% 概率获得 8 千元	50% 概率获得 1.9 万元，50% 概率获得 1 千元
6	60% 概率获得 1 万元，40% 概率获得 8 千元	60% 概率获得 1.9 万元，40% 概率获得 1 千元
7	70% 概率获得 1 万元，30% 概率获得 8 千元	70% 概率获得 1.9 万元，30% 概率获得 1 千元
8	80% 概率获得 1 万元，20% 概率获得 8 千元	80% 概率获得 1.9 万元，20% 概率获得 1 千元
9	90% 概率获得 1 万元，10% 概率获得 8 千元	90% 概率获得 1.9 万元，10% 概率获得 1 千元
10	100% 概率获得 1 万元，0% 概率获得 8 千元	100% 概率获得 1.9 万元，0% 概率获得 1 千元

注：当对水稻农户调查时，假定生产情景是 10 亩水稻，而香蕉农户则假定为 2 亩香蕉。

在表 4 - 3 的实验中，分别对水稻农户和香蕉农户列出了假定以种植 10 亩水稻和种植 2 亩香蕉为实验情景的实验设计过程。在实验中共设计两种实验方案，实验方案 A 中的情景选项净收益为 1 万元和 8 千元，而实验方案 B 为 1.9 万元和 1 千元。相对于实验方案 B，实验方案 A 具有相对稳定的净收益，风险更低，称为安全选项。每对实验选项中获得高额收益的概率以 10% 递增，对应获得低额收益的概率以 10% 递减。在实验过程中，被调查农户分别在十对实验方案中的实验方案 A（安全选项）和实验方案 B（风险选项）之间逐对做出选择，直到农户首次选择 B 方案的时候结束实验。随着获得高收益的概率不断增加，被调查农户在实验过程中必然会从实验方案 A 转向实验方案 B，实验结束时，每个农户最终均会只有一个安全选项的序号被确定。实验数据最后采用 Arrow - Pratt 相对风险规避系数来计算农户的风险偏好区间值。根据彩票选择实验的结果，最后采用 Arrow - Pratt 绝对风险规避系数 $r(w) = -U''(W)/U'(W)$ 的方法，假定农户的效用函数为 U(x) = - exp(- ar × x)，计算农户的风险偏好区间值。例如，如果农户在第 6 个实验选项时选择了 B 方案，根据农户的效用函数，农户的第 6 个实验选项中的 B 方案的期望效用大于 A，且第 6 个选项的效用高于第 5 个选项，据此可以列出各安全选项前后的效用不等式求出农户的风险偏好区间值范围。

4.1.3 适度规模经营农户的风险偏好测度结果

根据本书对广西 431 户水稻农户和 240 户香蕉农户的田野调查与风险偏好实验测度，表 4 - 4 列出了水稻农户和香蕉农户的风险偏好实验测度结果，图 4 - 1 进一步给出了水稻农户和香蕉农户在彩票选择实验中所选择的安全选项的频次统计数。总体的结果显示，香蕉农户相比水稻农户有着更强的风险偏好水平，偏好风险的农户比例要远高于水稻农户；无论是香蕉农户还是水稻农户，农户在 6 安全选项上的频次最高，大多数农户在 5 ~ 7 安全选项，即大多数农户处于风险规避的偏好水平，偏好风险或高度风险厌恶的农户占比较小。

表 4 - 4 适度规模经营农户风险偏好的实验测度结果   单位：%

安全选项序号	风险规避系数	风险偏好分类	水稻农户		香蕉农户	
			频数	占比	频数	占比
1	$ar < -0.11$	高度偏好风险	3	0.70	6	2.5
2	$-0.11 < ar < -0.06$	非常偏好风险	12	2.78	16	6.67
3	$-0.06 < ar < -0.02$	风险偏好	27	6.26	25	10.42
4	$-0.02 < ar < 0.03$	风险中性	34	7.89	28	11.67
5	$0.03 < ar < 0.07$	轻度风险厌恶	72	16.71	47	19.58
6	$0.07 < ar < 0.11$	风险厌恶	114	26.45	56	23.33
7	$0.11 < ar < 0.17$	非常风险厌恶	95	22.04	44	18.33
8	$0.17 < ar < 0.25$	高度风险厌恶	59	13.69	14	5.83
9 ~ 10	$0.25 < ar$	完全风险厌恶	15	3.48	4	1.67
观测数			431	100.00	240	100.00

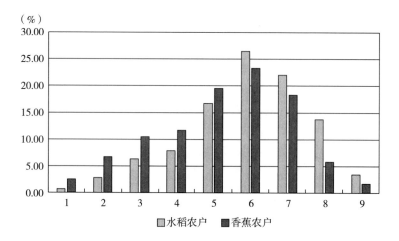

水稻农户　　香蕉农户

图4-1　水稻和香蕉适度规模经营农户风险偏好的频次统计

　　具体而言，代表偏好风险的1~3安全选项的农户，水稻农户占比只有9.74%，香蕉农户占比19.59%；代表风险中性的4安全选项的农户，水稻农户占比7.89%，香蕉农户占比11.67%；代表风险规避的5~9安全选项的农户，水稻农户占比高达82.37%，香蕉农户占比68.74%，即水稻农户中偏好风险的农户所占比重更低，农户的风险偏好主要以风险厌恶为主，而香蕉农户则相对具备较高的风险偏好水平。其中风险偏好水平小于-0.11，即代表高度偏好风险的1安全选项的农户中，水稻农户只有3人，占比0.7%，香蕉农户为6人，占比2.5%；风险偏好水平处于-0.11~-0.06，2安全选项即非常偏好风险的农户中，水稻农户有12人，占比2.78%，香蕉农户为16人，占比6.67%；风险偏好水平处于-0.06~-0.02，3安全选项即偏好风险的水稻农户有27人，占比6.26%，香蕉农户有25人，占比10.42%；风险偏好水平处于-0.02~0.03，4安全选项即完全风险中性的水稻农户有34人，占比7.89%，香蕉农户28人，占比11.67%；风险偏好水平处于0.03~0.25，5~8安全选项即风险规避的水稻农户共有340人，占比78.89%，香蕉农户为161人，占比67.08%；风险偏好水平大于0.25，安全选项为9和10即完全规避风险的水稻农户有15人，占比

3.48%，香蕉农户 4 人，占比 1.67%。选择 5~7 安全选择风险偏好处于轻度风险厌恶至非常风险厌恶的农户占比最大，水稻农户和香蕉农户分别为 281 人和 147 人，占比均超过各自样本农户总数的 60%。

以上结果表明，无论是水稻农户还是香蕉农户，农户的风险偏好均表现出了典型的风险规避、风险厌恶特征，但不同作物类型和不同农户之间的风险偏好水平仍然存在明显差异。在本章下文的实证研究中，将采用各安全选项的风险规避系数区间值的中值作为农户的风险偏好水平值即风险规避系数赋值。

4.2　适度规模经营农户风险偏好的影响因素

4.2.1　农户风险偏好影响因素的理论分析

农户风险偏好作为一种主观认知偏好，会受农户的个体禀赋特征、抗风险能力、外部环境等多方面因素的影响。农户的风险偏好不同，他们对同一个农业生产经营项目的偏好程度会不同，也可以理解为风险寻求的农户更看重风险项目带来的收益，而风险规避的农户则更关注风险项目带来的风险。因此，研究农户风险偏好的影响因素对把握其决策行为具有重要的理论和实践意义。

通过对国内外已有研究文献的梳理，关于风险决策者的风险偏好影响因素的研究已经形成了一些研究成果，但对于农户的风险偏好及影响因素研究还不多见。经营者或风险决策者的个体行为特征对其风险偏好的影响已为大量实证研究所证明，而对于个体行为特征以外的影响因素的研究却还有所欠缺（潘魏灵，2013）。Hartog 等（2002）在假设的博彩中发现女性更为风险规避，也发现框架不同会严重地影响男性风险规避程度，但 Weber 等（2002）在他们的研究中却没有得出明显一致的意见。年龄是决策者风险偏好的另一个影响因素，许多经验研究均发现决策者的风险偏好与其年龄存在负相关关系（张应语等，2009）。企业经营者的风险偏好也会受到其任职期限的影响，Ryan Harley 和 Wiggins（2002）的研究表明任职期限较长的企业经营者更喜欢进行风险投资。个体专业知识及技术教育背景也会影响个体的风险偏好，受教育程度高的人可能会更加理性从而更加规避风险，有管理类教育背景的企业经营者多属于风险规避型，而有技术类教育背景的企业经营者多属于风险寻求型（Barker 和 Mueller，2002）。个人财富水平也是影响其风险偏好的重要因素，经营者自身的财富水平越高其风险偏好程度越小（Cramer 等，2002），然而 Kraussl 等（2012）的研究结论却相反，他们发现随着个人财富水平的提高个人财富中风险资产的比例也会随之增加。

决策者的风险偏好受个体行为特征的影响外，还受自身的抗风险能力和外部环境的影响（Masclet 等，2009）。Binswanger（1980）研究发现，随着报酬的增加，大多数农民对风险的规避程度会表现出逐渐增强的特性。Kocher 和 Sutter（2005）研究个人和团队决策发现，在团队决策过程中，团队成员的风险态度都会受到相互间的影响，尤其是团队中有权威头衔的成员个体更容易影响其他个体的风险态度。Weber 等（2002）的研究也发现风险态度在不同的环境中会有所不同。宏观经济环境也会显著影响决策者的风险偏好，王滨（2005）研究发现，当一国发生金融危机后，投资者的风险偏好会发生改变，进而直接影响他们的投资行为。当经济处于上升周期，人们的信心不断增强，消费、投资的意愿加强，投资倾向风险偏好型；当经济处于下降周期，信心溃散，消费和投资减少，投资则倾向风险厌恶型（潘魏灵，2013）。

农户也是风险决策者，农户因从事农业生产和经营过程中可能遭受到难以预测的损失不确定性，农户风险偏好的影响因素也更加复杂和多样。实际上影响农户风险偏好的因素是多方面的，涉及农户个体特征、家庭禀赋、农场条件以及社会经济等多方面的因素。Dillon 等（1978）对巴西的小规模农场主及佃农的风险偏好研究发现，多数自给自足的农户都是风险规避型的，并且小规模农场主比佃农更加倾向于规避风险，并利用期望效用函数、均值—方差模型等估计了农户的风险偏好系数，发现农户的收入水平以及相应的社会经济特征变量显著影响农户的风险偏好。农户风险偏好与个体人口统计特征有关，如性别、年龄、受教育程度、经历经验等（Binswanger，1980；Wik 等，2004；Picazo Tadeo 和 Wall，2011）。农户家庭规模的增加会导致更加谨慎和保守的生产行为（Feinerman，1996），如更高的赡养或子女教育负担。农场所在的地理位置、农场类型以及产品类型等也会影响生产者的风险偏好，农场规模、种植方式（如有机种植）等也是影响农户风险偏好的可能因素，农场总面积对农户风险偏好有着正的影响（Gardebroek，2006）。另外有关农业支持政策的调整（Koundouri 等，2009）、社会资本（Wossen 等，2015）、自然灾害（Ahsan，2014）、贫困（Yusuf 等，2015）等也会导致农户风险偏好水平的变化。

4.2.2 变量选取及描述性分析

基于本书对广西431户水稻农户和240户香蕉农户的田野调查数据，借鉴已有研究的成果和本书在农户调查时所获取的部分结论，将农户视为风险决策者，农户在家庭经营和各种风险环境下对适度规模经营等农业生产决策所形成的风险偏好主要取决于农户的个体特征、家庭特征、抗风险能力及外界经济与非经济因素。为此，本章研究选取了16个可能影响农户风险偏好的因素，各因素变量的含义及描述性分析如表4-5所示。因本书所获取的调查样本农户基本都是男性户主，被调查的女性户主较少，因而在变量设置中未设置性别变量。

表4-5 农户风险偏好的影响因素变量描述

变量名	变量描述	均值（标准差）	
		水稻农户	香蕉农户
风险偏好	根据 MPL 彩票选择实验计算的风险规避系数	0.11（0.10）	0.06（0.10）

续表

变量名	变量描述	均值（标准差）	
		水稻农户	香蕉农户
农户年龄	农户户主的年龄：25 岁以下为 1，26～35 岁为 2，36～45 岁为 3，46～55 岁为 4，56 岁及以上为 5	3.83 (1.01)	3.79 (1.05)
文化程度	农户户主的受教育年限（年）	7.82 (2.53)	8.05 (2.39)
子女教育	家庭子女在读学校最高层次：1 幼儿园，2 小学，3 初中，4 高中或中专，5 大学及以上	3.62 (0.94)	3.75 (1.05)
种植经历	农户种植水稻香蕉的经历：5 年及以下为 1，6～10 年为 2，11～15 年为 3，16～20 年为 4，21 年及以上为 5	4.07 (0.84)	2.83 (1.16)
家庭收入	家庭年收入水平：3 万元及以下为 1，3.1 万～5 万元为 2，5.1 万～8 万元为 3，8.1 万～12 万元为 4，12.1 万元及以上为 5	2.87 (1.45)	3.91 (0.71)
非农收入	农户非农收入的比重：非农收入/全部收入	0.17 (0.24)	0.22 (0.24)
社会经验	农户外出务工或从商的经历：1 年没有，2～3 年，3.1～5 年，5.1～8 年，8.1 年及以上	2.21 (1.02)	2.37 (0.97)
社会地位	社会地位由农户是否是当地村干部，或是当地大型家族，是为 1，否则为 0	0.15 (0.36)	0.11 (0.31)
收入动机	农户种植果树的动机是为了获得更高经济收入，1 是，0 其他	0.84 (0.37)	0.89 (0.32)
创业动机	农户种植果树的动机是创业：1 是，0 其他	0.27 (0.44)	0.37 (0.48)
灾害情况	农户近三年内是否因遭受自然灾害、市场风险等导致经营亏损：1 有，0 没有	0.18 (0.39)	0.26 (0.44)
信息获取	农户通过各种方式获得农业生产信息的渠道，1～5 分别表示获取信息渠道的数量	3.39 (1.12)	3.69 (0.88)
合作组织	农户是否加入相关农业生产组织，如合作社、企业＋农户等组织形式：1 有，0 没有	0.25 (0.43)	0.38 (0.48)
政府支持	农户是否参与或获得相关政府农业项目或科技项目的支持：1 有，0 没有	0.12 (0.33)	0.09 (0.29)
外界支持	农户自评在一周内筹款 5 万元的可能性	0.41 (0.22)	0.52 (0.24)
政策环境	农户对当前政府农业政策的评价：1～5 表示从差到好的次序等级	3.45 (1.43)	3.62 (1.06)

各变量的基本特征及对农户风险偏好的影响假设如下：

农户年龄。调查样本水稻农户的平均年龄是 48.87 岁，变量均值是 3.83，香蕉农户的平均年龄为 48.10 岁，均值为 3.79，农户的年龄总体偏高，平均年龄为 50 岁左右。已有研究表明，农户的年龄等个体特征是影响农户风险偏好的重要因素，农户年龄也会影响其抗风险能力。因而，假定农户的年龄越大，农户越规避风险，风险偏好水平越低。

文化程度。调查样本水稻农户和香蕉农户的平均受教育程度为 7.82 年和 8.05 年，即均为初中文化程度。因已有研究表明农户的教育水平可能影响农户的风险规避程度，因而假定农户接受教育的时间越长，农户越理性并偏好于规避风险，风险偏好水平越低。

子女教育。对于农户家庭而言，子女的教育支出是比较大的家庭支出类型，农户家庭教育支出越大，农户越期望未来拥有相对稳定的收入预期，从而越规避风险。调查样本中水稻农户和香蕉农户子女在读学校最高层次的均值为 3.62 和 3.75，即初高中层次。

种植经历。调查样本中水稻农户的平均种植经历为 21.5 年，香蕉农户为 13.8 年，均值分别为 4.07 和 2.83，即水稻农户均拥有丰富的种植经验，香蕉农户则存在一些近年新进入的适度规模农户。一般认为农户种植经历越长，经验越丰富，对作物生长过程中的各种生产风险的防控能力越强，从而具备相对强的抗风险能力，能够更好地规避经营中的风险。本章研究假定农户种植经历越丰富其风险偏好水平越高。

家庭收入。农户家庭收入越高，其抵抗风险的能力可能越强，因此假定农户的收入水平越高其风险偏好水平越高。因调查样本中经营规模较大的农户较多，家庭收入水平也相对较高，水稻样本农户家庭年收入平均值为 2.87，位于 5 万 ~ 8 万元，而香蕉农户的家庭年收入平均值为 3.91，位于 8 万 ~ 12 万元。

非农收入。样本水稻农户非农收入占家庭总收入的平均百分比为 17%，香蕉农户为22%，农户非农收入越高，对农业收入的依赖程度越低，同时也可能抵抗农业生产风险的能力越强。假定农户非农收入占家庭收入的比重越高，其风险偏好水平越高。

社会经验。水稻和香蕉样本农户平均社会经验值分别为2.21和2.37，即大多数农户都有着3~4年的外出务工或从商经历。农户社会经验越丰富，其抵御经营风险的能力越强，假定农户的风险偏好水平随农户社会经验的递增而增强。

社会地位。农户的社会地位越高，其获取相关社会资源的能力越强，抵抗风险的能力也越强。据此假定有一定社会地位的农户具有更高的风险偏好水平。调查样本的水稻农户和香蕉农户中，当地村干部或大型家族的农户占比分别为15%和11%。

收入动机和创业动机。根据调查，农户种植水稻或者香蕉除了希望获得更高收入外，农户以规模经营作为创业项目也较普遍。农户不同的适度规模经营动机也可能导致不同的风险偏好。调查样本数据表明，84%的水稻农户和89%的香蕉农户开展适度规模经营是为了获得更高的收入，而27%的水稻农户和37%的香蕉农户开展适度规模经营则是基于创业的动机。

灾害情况。遭遇灾害损失的经历可能对农户形成较强的心理影响，进而影响农户的风险偏好，调查样本显示有18%的水稻农户和26%的香蕉农户在近3年内遭受过相关灾害风险而出现亏损。假定农户遭受风险损失后其风险偏好水平下降。

信息获取。调查样本中水稻农户和香蕉农户分别平均可以通过3~4个信息渠道获取信息，其中亲友、网络、电视及周边农户等是农户主要的信息获取渠道。显然农户获取的信息越多，防范风险就会越及时越科学，抗风险能力越强。假定农户信息获取渠道越多，风险偏好水平越高。

合作组织。调查样本显示25%的水稻农户和38%的香蕉农户是当地农民专业合作社成员或者与当地农业龙头企业有着合作关系。"合作社、龙头企业+农户"等合作组织形式是农户提高组织化程度的良好平台，一个运行良好的合作组织能为农户提供各种产前、产中和产后服务，从而提升单个农户的抗风险能力。假定加入了合作社等合作组织的农户具有更高的风险偏好水平。

政府支持。政府相关支农项目的支持可以让农户获得一定的政府资助或补贴，从而降低农户的生产经营成本，这将有利于分担农户的生产经营风险，提升农户的生产力水平和抗风险能力。调查样本显示有 12% 的水稻农户和 9% 的香蕉农户获得过政府相关农业项目或科技项目的支持。假定获得过政府相关支农项目支持的农户具有更高的风险偏好水平。

外界支持。用农户通过亲友或金融机构获得资金帮助的难易程度表示外界支持水平，显然农户越容易获取到外界支持则抗风险能力越强。调查样本显示水稻农户在一周内筹款 5 万元的平均可能性为 41%，香蕉农户为 52%。假定农户获得外界支持越困难，农户越规避风险。

政策环境。良好的政策环境无疑将提升农户生产经营的信心，稳定农产品的市场价格，帮助农户降低规模经营的生产风险，提升农户的风险偏好。假定农户对当前农业政策的评价越高，农户的风险规避程度越低。调查样本显示水稻农户对当前农业政策评价的平均值为 3.45，香蕉农户为 3.62。

4.2.3　模型估计与结果讨论

根据前文对农户风险偏好影响因素变量的选取及描述分析，建立农户风险偏好影响因素计量经济模型，分析在控制其他因素的情况下不同因素对农户风险偏好的影响。

4.2.3.1　模型设计

本章建立如下农户风险偏好影响因素的多元回归计量经济模型：

$$RA_i = \beta_0 + \sum_j \beta_i X_{ij} + \varepsilon_i \qquad (4-1)$$

模型（4-1）中被解释变量 RA 用来衡量农户风险偏好强弱，本书用农户的风险规避系数表示农户的风险偏好，因而 RA 越大，农户越规避风险，反之则越偏好风险。RA 的取值越大表示农户风险偏好越弱，模型中下标 i 代表特定的样本农户，j 表示第 j 个影响因素变量，解释变量 X 是一组农户风险偏好的影响因素变量，各变量的描述性统计结果如表 4 - 4 所示。ε 表示其他不可观测的影响因素和误差。β_0、β_i 是模型待估计参数。

4.2.3.2　模型估计结果与分析

表 4 - 6 显示了农户风险偏好影响因素的模型回归估计结果。估计结果显示，模型参数估计的总体拟合度较好，回归模型的 F 统计值在 1% 显著水平上显著。从模型估计结果可以看出，大多数影响因素变量对农户风险偏好的影响与前文假设一致，但也有多个变量的系数与前文假设相反或统计不显著。水稻农户和香蕉农户风险偏好的影响因素表现出了一定差异，部分变量在水稻农户模型中显著而在香蕉农户模型中则不显著，如农户的年龄和收入在水稻农户和香蕉农户模型中对农户风险偏好影响的显著性存在明显差异。对于水稻农户而言，农户年龄、子女教育、种植经历、社会经验、创业动机、灾害情况、信息获取、合作组织、政府支持和外界支持等变量对水稻农户的风险偏好影响显著。而对于香蕉农户而言，对香蕉农户的风险偏好影响显著的则为文化程度、种植经历、家庭收入、创业动机、信息获取和外界支持等变量。

表 4 - 6　农户风险偏好影响因素的模型估计结果

变量	水稻农户			香蕉农户		
	系数	标准误	t 值	系数	标准误	t 值
农户年龄	0.016 ***	0.003	4.690	0.006	0.005	1.310
文化程度	0.000	0.001	0.330	0.007 ***	0.002	3.020
子女教育	0.008 **	0.003	2.440	0.003	0.005	0.540
种植经历	- 0.025 ***	0.004	- 6.490	- 0.012 **	0.005	- 2.610
家庭收入	- 0.002	0.002	- 0.890	- 0.027 ***	0.008	- 3.150

变量	水稻农户			香蕉农户		
	系数	标准误	t 值	系数	标准误	t 值
非农收入	− 0.019	0.012	− 1.520	0.037 *	0.021	1.710
社会经验	− 0.012 ***	0.004	− 3.420	− 0.009	0.006	− 1.570
社会地位	0.013	0.009	1.370	− 0.001	0.016	− 0.050
收入动机	0.002	0.009	0.210	0.024	0.016	1.520
创业动机	− 0.016 **	0.008	− 2.130	− 0.013 **	0.006	− 2.120
灾害情况	0.030 ***	0.008	3.550	0.013	0.012	1.060
信息获取	− 0.013 ***	0.003	− 4.100	− 0.025 ***	0.007	− 3.770
合作组织	− 0.023 ***	0.008	− 3.030	− 0.002	0.011	− 0.180
政府支持	− 0.026 **	0.011	− 2.500	− 0.019	0.017	− 1.100
外界支持	− 0.199 ***	0.018	− 10.89	− 0.079 ***	0.025	− 3.160
政策环境	0.000	0.002	− 0.200	0.003	0.005	0.600
样本数	431			240		
F − stat	55.78 *** （0.000）			14.75 *** （0.000）		
R^2	0.68			0.51		

注：*、**和***分别表示10%、5%和1%的显著性水平。

农户年龄和文化程度对农户风险偏好的影响与预期的假设不完全一致，且其影响在水稻农户和香蕉农户中存在明显差异。年龄对水稻农户风险偏好的影响在1%的显著性水平上显著，对香蕉农户的影响则不显著，而农户的文化程度对风险偏好的影响则正好相反。农户年龄越大，水稻农户越规避风险，而香蕉农户则在统计水平上不显著。香蕉农户的文化程度越高，其规避风险的程度越高，回归系数在1%显著水平上显著但系数较小，而水稻农户的文化程度则对农户风险偏好的影响不显著，且回归系数趋于0。根据本书的农户调查，这可能与水稻和香蕉的生产风险相关。相对而言，香蕉的生产风险更大，市场风险更强，种植香蕉的农户风险偏好水平本身高于水稻农户，且香蕉农户的年龄要比水稻农户年轻、文化程度更高。规模种植香蕉的农户大多是 40～50 岁，而这些大规模种植香蕉的农户相比水稻农户普遍具有较高的风险偏好水平，大多是高中学历，从而导致香蕉农户的年龄对其风险偏好的影响在统计上不显著，而文化程度则对香蕉农户的风险偏好表现出了显著影响。但无论是水稻农户还是香蕉农户，农户的年龄和文化程度都具备高龄低学历的特征，农户的文化程度普遍在初高中层次，一般不具备高学历的教育背景，因此农户的文化程度还不至于导致农户形成更加理性的决策习惯。

子女教育对农户风险偏好的影响为正，但仅在水稻农户中表现出了5%的显著性水平，香蕉农户样本中则统计不显著。基于前文假设，农户子女教育层次越高，教育支出就会越大，从而可能导致农户更加规避风险，然而实际的统计结果并不完全符合预期。这可能是因为较大比例的农户家庭中已经没有子女上学或上学的仅是孙辈子女，相比水稻农户，香蕉农户因香蕉生产特性的差异存在投入大、收入高的特征，子女上学对香蕉农户规模经营的收支影响并不大，从而对于较大规模经营水平的香蕉农户而言，子女上学的层次对香蕉农户的风险偏好影响不显著。

种植经历对农户风险偏好存在显著影响，农户种植经历越丰富，农户越偏好风险，这与预期的假设一致。其中，水稻农户的种植经历对农户风险偏好的影响更加强烈，显著水平更高，回归系数更大。本书的农户调查也表明，因水稻和香蕉的生产特性差异，水稻生产过程中的风险要小于香蕉的生产风险，农户根据自己的经验可以基本解决水稻生产中的各种风险，而香蕉农户则存在如香蕉枯萎病等无法解决的病虫害风险，因而过去的生产经验对水稻农户抗风险能力的增强效应更加强烈，进而导致对农户风险偏好的影响差异。

家庭收入对农户风险偏好的影响仅在香蕉农户样本中与预期的一致，农户的收入与农户风险偏好表现出了正相关关系（与风险规避系数负相关），但农户家庭收入对水稻农户的风险偏好的影响不显著，在香蕉农户中表现出了较强的显著性，而非农收入占比则对农户风险偏好的影响较弱。农户收入越高，农户理应具备更强的抗风险能力，但对水稻农户而言，水稻农户的收入水平远低于香蕉农户，且水稻产业的利润相对低下，因而水稻农户的家庭收入并没有对农户风险偏好形成显著增强性影响。家庭收入和非农收入对农户风险规避系数的影响为负，这说明农户收入的增加有利于农户风险偏好的提升，而对于规模经营农户而言，农户规模经营水平的增加必将形成更专业化的生产，收入来源主要来自规模经营的农业，非农收入比重必然下降，因而非农收入的显著性水平下降。

社会经验和社会地位对农户风险偏好的影响仅社会经验在水稻农户样本中表现出了统计显著性。水稻农户的社会经验越丰富，农户在水稻的规模经营中表现出了越强的风险偏好，而香蕉农户则在统计上不显著。根据研究假设，农户的社会经验可以提升农户的社会资本和生产经验能力，提高农户抵抗风险的能力，进而对农户风险偏好形成正向影响，这在水稻农户中得到了验证。但对香蕉农户而言，香蕉产业投入大风险高的产业特性，导致农户的社会经验仍然不足以对农户风险偏好产生显著提升作用。而农户的社会地位变量在水稻农户样本和香蕉农户样本中均对农户的风险偏好影响不显著，一方面可能是因为样本农户担任村干部等代表社会地位的情形不多；另一方面也说明对于规模经营农户而言这种农村的社会地位对农户规模经营风险的分担作用非常有限。

创业动机对水稻农户和香蕉农户的风险偏好均存在显著影响，而收入动机则对农户风险偏好的影响不显著。创业动机越强的农户，风险偏好越强。规模经营的收入动机对农户风险偏好的影响不显著，这可能是因为大多数农户的规模经营动机均存在收入动机的因素，农户都希望通过规模经营提高收入，因此在不同风险偏好的农户中缺乏差异性。而创业动机则不同，农户将水稻或香蕉的规模经营当作创业项目，开展规模经营成为农户改变生活现状实现人生事业成功的重要选择，放手一搏和渴望成功的心态显著影响了农户的风险偏好，从而创业动机较强的规模经营农户表现出了更高的风险偏好水平。

灾害情况的出现亏损会显著降低水稻农户的风险偏好水平，而对香蕉农户的风险偏好影响不显著。农户的信息获取能力对水稻农户和香蕉农户风险偏好的影响均存在显著提升作用，而组织程度则仅对水稻农户的风险偏好存在显著正向影响。灾害损失会使农户的生产经营更加谨慎，从而表现出更强的风险规避特征。对于香蕉农户而言，规模经营的香蕉产业自身因市场价格波动和香蕉枯萎病的风险影响使得香蕉产业属于高风险高收益的产业类型，香蕉农户在三年内哪怕有一次亏损但两次盈利仍然可以获得较高的规模收益，但水稻农户则完全不同，水稻产业的投资收益率低下，农户一旦出现亏损则规模经营可能难以为继。农户信息获取渠道越多，农户风险偏好水平越高，因而农村信息网络基础设施的建设有利于农户风险偏好的改善。农户加入农业合作组织会提升农户的风险偏好水平，但对香蕉农户的提升作用不明显，这可能与当前农业合作社组织发展不完善，服务社员的能力低下有关。根据本书的调查了解，广大农村地区的合作组织数量很多，但实际发挥作用和具备较强服务能力的合作社并不多。香蕉农户如果在市场销售时不能实现有效合作，则难以实现合作社对农户风险偏好的改善，而水稻农户则可以在水稻全程生产机械、农资等方面开展深度合作。

政府支持、外界支持和政策环境对农户风险偏好的影响存在一定差异，其中，外界支持对农户风险偏好的影响最为显著，政府支持对水稻农户风险偏好的影响显著，而政策环境变量不显著。水稻生产是粮食生产的重要内容，牵涉到国家粮食安全，也存在较多的政府支持政策，因而政府支持对水稻农户的适度规模经营具有重要的风险保障作用，从而政府支持会显著提高水稻农户的风险偏好水平。而香蕉因属于经济作物，政府支持的力度要远小于水稻产业，因而政府支持对香蕉农户的风险偏好影响不显著。而外界支持代表着农户社会资本和直接抵御灾害风险能力，因而外界支持无论是对水稻农户还是香蕉农户的风险偏好均存在显著提升改善作用，且对水稻农户的影响更强烈。而政策环境变量对农户风险偏好的影响在统计上不显著，系数为正，这说明当前的政府政策还不足以改善农户的风险偏好，虽然大多数农户对当前农业政策持满意的态度，但对农户风险偏好的影响仍然有限。

综上所述，农户的风险偏好受多种因素影响，且水稻产业和香蕉产业的适度规模经营农户的风险偏好影响因素既存在一定的相似之处又存在明显的差异。一方面，农户年龄、文化程度、子女教育、家庭收入、社会经验、灾害情况、合作组织、政府支持等变量在对农户风险偏好的显著性影响在水稻农户样本和香蕉农户样本中存在明显差异；另一方面，种植经历、创业动机、信息获取、外界支持等变量对水稻农户和香蕉农户风险偏好的影响表现出了一致性。这表明，农户的风险偏好与影响因素可能在不同的产业类型中表现出异质性特征，不同产业类型的适度规模经营农户其风险偏好会表现出较大差异，农户风险偏好可能受一些客观生产条件或资源禀赋条件的改善而得到提升。

4.3　农地规模对农户风险偏好的影响与动态传导过程

前文的研究表明，农户的风险偏好可能与农户的经营规模之间表现出一定的相互关系。一方面，随着经营规模的持续增大，农业生产风险增加，农户的风险偏好可能随风险的增大而表现得更加规避；另一方面，也可能随着经营规模的扩大，农户通过规模经营获得了更多的收益，从而增加投资、进一步扩大规模，表现出更强的风险偏好。因而，农户可能会因其经营规模不同而表现出不同的风险偏好水平。国内有学者研究发现，经营不同规模的生态林个体经营者风险规避系数差异显著，大规模生态林经营者更加规避风险（王宁等，2013）。Koesling 等（2004）研究认为，农场的租赁面积是土耳其农户从事有机经济作物和传统经济作物种植的风险源之一，并指出农场的租赁面积在两种种植方式之间差异显著。Demiryüreka 等（2012）研究也发现，榛子种植农户的土地经营规模对其有机栽培选择、风险态度存在显著影响。本书在调查中也发现，农户在不同的经营规模阶段，其生产经营决策、对待生产风险和市场风险的态度存在一定的差异，处于中小适度规模的农户更加偏好风险，而规模较小以及规模较大的农户在生产投入、技术采用等方面更加谨慎，即更加规避风险。

4.3.1 农户风险偏好与经营规模的列联表分析

为研究不同经营规模农户在不同经营规模水平上的风险偏好差异性，进一步分析农户的土地经营规模对农户风险偏好的影响，在不同经营规模的水稻农户和香蕉农户的风险偏好测度结果的基础上，运用列联表方法对农户风险偏好的经营规模差异性进行实证分析。为便于分析，根据农户调查数据的特点，将农户土地经营规模分为 10 ~ 30 亩、31 ~ 50 亩、51 ~ 100 亩和 101 亩及以上四个维度等级，并将农户风险偏好按照前文计算的农户风险偏好水平值分为 - 0.02 以下（偏好风险）、- 0.02 ~ 0.07（风险中性和轻度风险厌恶）、0.07 ~ 0.11（风险厌恶）、0.11 以上（非常风险厌恶至完全风险厌恶）四个维度等级，这样农户的经营规模与风险偏好两组变量构成 4 × 4 列联表，如表 4 - 7 和表 4 - 8 所示。

表 4 - 7　水稻农户风险偏好值与不同土地经营规模农户数量

风险偏好值	土地经营规模				样本合计
	10 ~ 30 亩	31 ~ 50 亩	51 ~ 100 亩	101 亩及以上	
ar < - 0.02	6 (5.3%)	9 (8.9%)	16 (14.5%)	12 (11.1%)	42
- 0.02 ~ 0.07	15 (13.4%)	26 (25.7%)	39 (35.5%)	27 (25.0%)	106
0.07 ~ 0.11	37 (33.0%)	25 (24.7%)	22 (20.0%)	29 (26.9%)	114
ar > 0.11	54 (48.2%)	41 (40.6%)	33 (30.0%)	40 (37.0%)	169
样本合计	112 (100%)	101 (100%)	110 (100%)	108 (100%)	431

表 4 - 8　香蕉农户风险偏好值与不同土地经营规模农户数量

风险偏好值	土地经营规模				样本合计
	10 ~ 30 亩	31 ~ 50 亩	51 ~ 100 亩	101 亩及以上	
ar < - 0.02	6（10.7%）	18（23.1%）	15（23.8%）	8（18.6%）	47
- 0.02 ~ 0.07	11（19.6%）	29（37.2%）	25（39.7%）	10（23.3%）	75
0.07 ~ 0.11	18（32.1%）	15（19.2%）	12（19.0%）	11（25.6%）	56
ar > 0.11	21（37.5%）	16（20.5%）	11（17.5%）	14（32.6%）	62
样本合计	56（100%）	78（100%）	63（100%）	43（100%）	240

　　从表 4 - 6 可以看出，10 ~ 30 亩经营规模的水稻农户中，5.3% 的农户的风险偏好值在小于 - 0.02 的取值范围，13.4% 的农户风险偏好值在 - 0.02 ~ 0.07，33.0% 的农户风险偏好值在 0.07 ~ 0.11，48.2% 的农户风险偏好值在 0.11 以上的较高水平值区间，即经营规模相对微小的农户更加规避风险，对规模经营的风险偏好水平较低，风险厌恶水平较高；31 ~ 50 亩经营规模的农户中，8.9% 的农户风险偏好水平值属于偏好风险的范围，25.7% 的农户处于风险中性和轻度风险规避的范围，24.7% 的农户风险厌恶，40.6% 的农户非常厌恶风险，即随着经营规模的扩大，适度规模的水稻农户风险规避程度有所降低，对规模经营的风险偏好水平增强；51 ~ 100 亩经营规模的农户中，14.5% 的农户风险偏好水平值属于偏好风险的范围，35.5% 的农户风险偏好值在 - 0.02 ~ 0.07，20% 的农户风险偏好值在 0.07 ~ 0.11，30% 的农户风险偏好值在 0.11 以上的较高水平值之间，即随着经营规模的进一步扩大，农户更加偏好风险；101 亩及以上经营规模的农户中，11.1% 的农户风险偏好值在 - 0.02 以下的风险偏好区间，25% 的农户风险偏好值在 - 0.02 ~ 0.07，26.9% 的农户风险偏好值在 0.07 ~ 0.11，37% 的农户风险偏好值在 0.11 以上的较高风险规避水平值区间，即随着经营规模的持续扩大，农户开始变得规避风险，风险偏好水平值开始下降。同样，从表 4 - 7 的香蕉农户列联表分析结果可以看出，香蕉农户也表现出了跟水稻农户相似的特征，即随着经营规模的扩大，农户的风险规避水平会有所下降，风险偏好水平上升，但随

着经营规模扩大到一定程度,农户的风险偏好水平下降,风险厌恶态度加强。

进一步可以通过卡方检验进一步验证上述分析。当比较的不同经营规模农户的风险偏好差异是由本身内在因素引起而非抽样误差所致时,卡方值就大,相应的 P 值就小。当卡方值高于某一显著性水平(如 5%)对应的卡方值时,不同经营规模农户的风险偏好差异性显著。表 4 - 9 显示了对建立的水稻农户和香蕉农户的列联表卡方检验结果,Pearson 卡方检验和似然比卡方检验的检验结果均在 5% 以上显著水平上显著,卡方检验结果表明农户风险偏好水平在不同经营规模农户间存在显著差异。

表 4 - 9　　列联表卡方检验结果

卡方检验	水稻农户			香蕉农户		
	检验值	自由度	Pr	检验值	自由度	Pr
Pearson 卡方检验	24.26	9	0.004	18.22	9	0.033
似然比卡方检验	25.04	9	0.003	18.62	9	0.029

通过农户风险偏好与经营规模的列联表分析表明,风险偏好在不同经营规模的农户之间存在显著差异,即经营规模的变化可能会影响农户的风险偏好。四类不同经营规模的农户之间,其风险偏好水平值在不同的取值区间集中,这也进一步说明,不同经营规模的农户其风险偏好水平会发生变化,小规模农户因收入较低具备天然的风险规避的本质特征,但同时,大规模经营的农户,因经营规模带来的生产风险的增加,农户风险偏好水平会出现下降,也表现出了较强的风险规避态度。由表 4 - 7 和表 4 - 8 可知,101 亩及以下经营规模的农户中,经营较大面积的适度规模经营农户与经营较小面积的农户相比,表现出了更强的风险偏好水平的趋势,即随着经营规模的扩大,农户似乎越偏好风险。但随着规模的持续扩大,在 101 亩及以上的经营规模农户中,越来越多的农户开始规避风险,随着经营规模的扩大,风险偏好水平值表现出了下降的趋势。从农户效用和规模收益

角度进行分析，在农户经营规模达到最优适度规模之前，随着规模的扩大，农户的单位产品的平均生产成本下降，农户适度规模经营具备规模经济的特征，在农户可承担的风险范围之内，农户的规模经营收益递增，边际效应递增，农户越偏好风险。但根据边际报酬递减规律，在其他条件不变的情况下，当土地经营规模超过农户风险可控的适度规模之后，大规模经营农户的生产经营可能会出现规模不经济，为规避经营较大规模可能带来的生产风险、市场风险和政策风险等，农户会考虑减少生产投入，或者谨慎投资，因此表现出风险偏好水平下降的趋势。

4.3.2 经营规模对农户风险偏好的动态传导过程

根据前文研究结论，农户的经营规模会对农户的风险偏好带来影响，农户风险偏好与农户经营规模之间存在一种动态的变化关系。结合本书对广西水稻农户和香蕉农户的实证研究结论，农户风险偏好与经营规模之间的动态演进机制如图4-2表示。

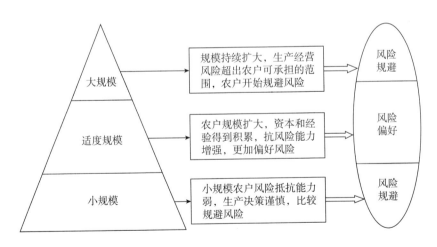

图4-2 农户风险偏好与土地经营规模之间的动态演进机制

对于农户长期的规模经营而言，农户的风险偏好是一个动态指标，即在不同的规模经营时期，农户的风险偏好水平并不是长期不变的。根据本章前文的研究结论，通过 MPL 彩票选择实验，我们可以对不同经营规模的农户测度出一个与之对应的风险偏好水平值。随着农户经营规模的扩大、生产经验和资本的积累以及基础设施条件的改善，农户抵抗风险的能力会得到一定提高，农户会采取更多行之有效的措施来规避风险，并获得更高的规模经营水平；同时，农户对生产过程中的风险认知水平提高，在风险的应对与管理能力提高。因此，随着农户经营规模的变化和生产经验的积累，农户的风险规避程度下降，风险偏好水平提高；但随着经营规模的持续扩大，生产经营风险将会随之增加，在正规风险分担机制缺失的情况下，规模经营的风险将会超出农户可承担的范围，从而使得农户开始规避风险。因而，在不同的规模经营时期，农户风险偏好出现动态变化的特征。

小规模经营农户和特大规模经营农户更加规避风险，中等适度规模经营农户的风险偏好水平最高，即表现出中间大，两头小的特征。前文的研究表明，农户经营规模会影响农户的风险偏好，特大经营规模农户和小规模经营农户更加规避风险，而处于规模扩张期和适度经营规模范围内的农户的风险偏好会随着经营规模的扩大而上升。小规模的专业化农户为了减少未来收入的波动，生产投入非常谨慎，风险规避程度较高。但随着规模的持续扩大，如在 101 亩及以上的经营规模农户中，因大规模经营带来的大规模风险，农户抵抗风险的能力下降，风险规避程度加强，风险偏好水平值表现出了下降的趋势。因此，在不同经营规模的农户样本中，农户的风险偏好表现出了中间大、两头小的特征。

根据以上研究结论，对于特定农户而言，假定存在相对完善的农村土地流转市场，农户可以较容易地流转土地，且农户会根据自身的财富积累调整自己的土地经营规模。农户风险偏好与经营规模之间的动态变化关系可以用一条倒"U"形的曲线表示，如图 4 - 3 所示。

在图 4 - 3 中，假设 B 点为农户家庭禀赋条件下的最优经营规模，在 B 点，农户可以获得家庭生产经营的效用最大化，农户的规模经营风险处于家庭可控、可分担的范围之内；A 点为农户风险态度处于风险中性时的土地经营规模，即剔除农户风险偏好因素的经营规模；D 点为农户风险偏好水平的最大值。在农户经营规模的扩张时期（OB 区间），在农户经营规模在达到最优生产规模之前，随着农户经营规模的扩大，农户的风险偏好水平值随着经营规模的扩大而递增。当经营规模超过最优经营规模后，规模经营所带来的更大风险将超出农户认可的家庭可控、可分担的风险范围，农户风险偏好水平值出现递减，即农户的风险偏好水平值随着经营规模的扩大而递减。农户的风险偏好水平在最优经营规模的 B 点达到最大，即农户在长期的生产经营过程中，风险偏好会因经营规模的变化而出现动态变化的特征。

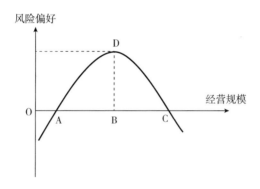

图 4 - 3　农户风险偏好与土地经营规模之间的动态关系

4.4　本章小结

　　本章利用农户田野调查数据，通过构建农户规模经营的 MPL 彩票选择风险偏好实验，研究分析了水稻和香蕉适度规模经营农户的风险偏好水平，并在测度农户风险偏好水平值的基础上，进一步分析了农户风险偏好的影响因素。农户风险偏好的测度结果显示，代表农户风险偏好水平的风险规避系数取值范围主要集中在 0.03 ~ 0.17，即大多数农户的风险偏好水平处于轻度风险规避至高度风险规避之间，特别规避风险和特别偏好风险的农户较少；82.37% 的水稻农户和 68.74% 的香蕉农户均表现出了风险规避的风险偏好，9.74% 的水稻农户和 19.59% 香蕉农户表现出了风险偏好特征，即大多数农户仍然表现出了较强的风险规避偏好。农户的风险偏好在水稻农户和香蕉农户中表现出了较大的差异，总体而言香蕉农户的风险偏好水平高于水稻农户。

风险偏好作为一种主观认知偏好，会同时受农户的个体特征、抗风险能力和外部环境因素的影响。借鉴已有研究的成果和本书调查时所获取的部分结论，将农户视为风险决策者，农户在家庭经营和各种风险环境下对规模经营等农业生产决策所形成的风险偏好主要取决于农户的个体特征、家庭特征、抗风险能力及外界经济与非经济因素。为此，选取了 16 个可能影响农户风险偏好的因素，通过构建实证分析模型，对农户风险偏好的影响因素进行了实证分析。结果表明，农户的种植经历、创业动机、信息获取、外界支持等变量对水稻农户和香蕉农户风险偏好的影响表现出了显著的一致性，对农户风险偏好的改善有着显著提升作用；而农户年龄、文化程度、子女教育、家庭收入、社会经验、灾害情况、合作组织、政府支持等变量在对农户风险偏好的显著性影响在水稻农户样本和香蕉农户样本中存在明显差异；农户的非农收入、开展规模经营的收入动机、当前的农业适度规模经营政策环境等变量对农户风险偏好的影响在统计上不显著。

通过农户风险偏好与经营规模的列联表分析表明，风险偏好在不同经营规模的农户之间存在显著差异。小规模农户因收入较低具备天然的风险规避的本质特征，大规模经营的农户，因经营规模带来的生产风险的增加，农户风险偏好水平会出现下降，也表现出了较强的风险规避态度，而处于适度规模经营的农户则更加偏好风险。通过分析农户风险偏好与经营规模之间的相互影响，在总结归纳农户经营规模与风险偏好之间的动态演进机制的基础上，提出了农户风险偏好与经营规模之间存在倒"U"形动态变化特征。

第5章 风险和风险偏好约束下的农户土地经营规模决策行为

由于农业生产的弱质性和产出的不确定性，在当前农业保险和农村金融市场还不完善的现实条件下，农户对自然灾害、病虫害、市场价格波动等风险的承受能力还非常有限，因而农户农业生产中总是保持着相对规避风险的生产决策行为特征。前文已经分析，农户的风险偏好总体呈现风险规避的特征，且不同的农户对待风险的态度存在明显差异，即风险偏好不同，而这种差异会导致农户生产决策的差异性，尤其是在规模经营的生产决策过程中表现得更为明显。本章利用水稻和香蕉农户的田野调查数据，研究分析农户风险偏好对其农地经营规模决策的影响。试图回答农户较低的风险偏好水平即风险规避会使农户经营规模难以提高，而较高的风险偏好水平即偏好风险是否会提升农户的规模经营意愿？

5.1 理论基础与研究假设

传统经济学认为经济活动中的人具有完全理性和完全信息，并以追求个人利益最大化为目标的"理性人"。然而现实生活中，人们在进行经济决策时会受到一系列如情绪、情感、心理和外部环境等其他因素的影响，尤其是在风险环境下的不确定性决策时，更容易受到这些外部因素的影响而出现认知偏差，从而使决策者表现出有限理性行为。在金融和企业管理研究领域，学者发现管理者的风险偏好对经营决策有着非常显著的影响：风险偏好会对个人财富积累和收入增长起着关键作用（Dohmen，2008）；管理者的风险偏好会影响到公司现金持有决策，管理者的风险厌恶程度很大程度上决定公司是否并购（Graham 等，2013）。在农业研究领域早期的研究中，学者就开始关注农户风险偏好对其采用新技术行为的影响，小农户因收入水平较低、收入来源较少，抗风险能力弱无疑存在较强的风险规避性，且农户的风险规避态度会对农户农业新技术采用和农业资源利用带来显著负面影响（Binswanger，1980；Hazell，1982）。农户的风险态度对其管理决策的影响是重要的，越是风险规避的农户，越可能在管理决策上强调减少收入的波动，而不是强调收入的最大化。Bwala 和 Bila（2009）在研究尼日利亚南部的博尔诺州农户风险偏好时指出农户风险规避的态度限制了他们去探索改进生产方法和改善生活水平的机会。Olarinde 等（2010）指出农户的风险态度影响他们对农场的投资决策。Kisaka - Lwayo（2012）对南非农户的调查研究发现，农户的风险偏好态度会使农户的农作物生产组合偏离最优水平。Picazo Tadeo 等（2011）对西班牙水稻种植农户的研究发现，农户的风险态度会显著影响农户种植水稻的投入品的使用。Liu（2013）对中国棉农的调查研究发现，农户越规避风险，使用转基因 BT 棉技术的意愿越低，并越推迟采用 BT 棉技术。Reise 等（2012）对德国农民种植生物质农作物的研究发现，农户投资种植生物能源作物的生产决策主要由农户的主观风险态度和投资成本决定。国内也有学者开始注意到农户的风险偏好会影响农户的生产行为，并在研究农户的生产决策行为的过程中开始考虑农户的风险偏好因素。黄季焜等（2008）实证分析了农民过量使用农药的影响因素，验证了农户的技术信息知识和风险偏好对其农药使用存在显著影响。许承明等（2012）在研究农户选择信贷与保险互联的影响因素发现，农户的风险偏好对农户选择信贷和保险有着显著正向作用。毛慧等（2018）基于契约农业视角考察了养鸡农户的风险偏好对技术采纳行为的影响，风险厌恶程度对农户技术采纳时间有显著的负向影响。王倩等（2019）的研究表明，农户的风险规避态度对农户农地转入决策及转入规模有着显著负向影响。仇焕广等（2020）研究认为，存在风险厌恶和感知风险的农户较倾向于采纳秸秆还田技术，尤其是秸秆还田、免耕或深松组合技术。

关于农户规模经营决策，国内很多学者实证研究了农户规模经营的影响因素，如区域经济发展水平、农户的老龄化、农业比较收益、非农就业与兼业、农业技术进步、农地资源禀赋、社会服务与分工、信贷约束、经营主体发展以及农户的人口统计学特征等是影响农户农地规模经营意愿的主要因素（钱文荣等，2007；张忠明等，2008；陈秧分等，2009；汤建尧等，2014；罗必良，2017；章元等，2017；胡新艳等，2018；刘汉成等，2019）。农业规模化经营一度被认为是发展中国家农业现代化程度的标志，农业规模化经营的必要性、效率、增收与增产、模式等一直是国内学者争论的热点话题（宋亚平，2013；李文明等，2015；许庆等，2011；王志刚等，2011；郭庆海，2014；孙艳等，2019），然而关于农户对规模化经营的风险、选择意愿、决策过程等问题的研究以及农户风险偏好对农户规模经营决策的影响等在已有实证研究中还不多见。

国内外的研究表明，农户的风险偏好对农户经营决策的影响是毋庸置疑的。基于国内外已有的研究，推断农户的风险态度会对其农地规模经营决策产生显著影响。其中，农户规模经营的土地规模用农户的种植面积以及农户未来是否进一步扩大经营规模表示，并以广西水稻农户和香蕉农户的田野调查数据进行实证分析。

据此，提出假设：农户风险偏好水平对农户规模化经营的土地规模存在显著影响，农户风险偏好水平越高，农户规模经营的土地规模越大，扩大农地经营规模的意愿越强。

5.2　变量选取与模型设定

　　本书选取 2017 年 4 ~ 8 月以及 2018 年 2 ~ 6 月在广西各粮食主产区以及香蕉主产区进行田野调查所取得的 431 户水稻农户和 240 户香蕉农户的农户调查数据为样本进行实证分析，具体调查区域包括南宁、贵港、玉林、钦州、柳州、桂林和北海 7 个地级市的 15 个水稻主产县和 10 个香蕉主产县。为降低并尽可能避免农户土地经营规模与农户风险偏好之间可能存在的内生性关系，在控制农户的土地经营规模的条件下，因变量分别采用农户过去五年是否存在农地经营规模扩张以及未来五年是否有意愿进一步扩大土地经营规模等两个二分变量表示。关键解释变量即农户的风险偏好，风险偏好采用前文基于 MPL 彩票选择实验测度的农户风险规避系数表示。

　　根据已有研究文献的研究结果，农户农地经营规模决策受多方面因素的影响。基于已有研究文献，从农户的人口统计学特征变量、经营规模、家庭收入、家庭劳动力数量、合作组织参与情况、借贷能力、农业技术培训、通勤条件等方面设置农户农地经营规模分析模型的控制变量。用农户 2013 年和 2017 年的土地经营规模分别作为农户过去 5 年是否已扩大土地规模和未来 5 年是否意愿扩大经营规模两个被解释变量的控制变量，显然农户当期的经营规模对农户未来的土地经营规模存在影响。农户对市场的预期反映农户的生产投资动机，农户年龄、文化程度两个变量作为反映农户人口统计特征的控制变量。农村劳动力的老龄化问题是影响农户开展规模经营的重要因素，一般农户规模经营的意愿会随着年龄的增加而出现下降。而农户的文化教育水平也可能是影响农户进一步扩大经营规模的重要因素。农户家庭劳动力人数，进一步反映农户家庭范围内的劳动力供给，农户家庭劳动力越充裕，经营更大土地规模的动力和能力均会加强。农户近 4 年家庭年均收入及非农收入占家庭收入的比重作为反映农户家庭收入水平和结构的控制变量，其中农户家庭收入采用自然对数形式。农户参与组织合作的情况、农户的借贷能力、农户的种植经历、农户是否经常参加农技部门或科研院所的技术培训、农户对经营的土地周边通勤条件的满意度等变量作为反映农户开展规模经营的外部支持控制变量。最后考虑到区域土地形态的差异，加入了地区虚拟变量。各有关变量的具体描述与描述性统计分析结果如表 5 - 1 所示。

表 5 - 1　农户农地经营规模分析模型的各变量描述性统计

变量	变量描述	均值（标准差）	
		水稻农户	香蕉农户
规模扩大	农户过去 5 年是否在基期土地经营规模基础上进一步扩大了土地经营规模：是为 1，否为 0	0.62（0.48）	0.35（0.47）
扩大意愿	农户未来 5 年是否愿意在当前土地经营规模基础上进一步扩大土地经营规模：是为 1，否为 0	0.48（0.51）	0.38（0.48）
风险偏好	根据 MPL 彩票选择实验计算的风险规避系数	0.11（0.10）	0.06（0.10）
基期规模	农户 2013 年实际种植经营的土地面积（公顷）	3.82（8.31）	8.88（5.56）
当期规模	农户 2017 年实际种植经营的土地面积（公顷）	6.19（9.09）	5.89（8.86）
市场预期	农户对未来 3 ~ 5 年稻谷/香蕉的市场价格预期： -1 下跌，0 不确定，1 维持稳定，2 上涨	0.52（1.13）	0.73（1.22）
农户年龄	农户户主的年龄：25 岁以下为 1，26 ~ 35 岁为 2，36 ~ 45 岁为 3，46 ~ 55 岁为 4，55 岁及以上为 5	3.83（1.01）	3.79（1.05）
文化程度	农户户主的受教育年限（年）	7.82（2.53）	8.05（2.39）
劳动力数	农户家庭成员范围内的劳动力数量（人）	2.28（1.14）	2.45（1.28）
家庭收入	家庭年均收入水平（千元）取自然对数	3.87（0.91）	4.83（1.51）
非农收入	家庭年均非农收入占比：非农收入/全部收入	0.17（0.24）	0.22（0.24）
种植经历	农户种植水稻/香蕉的经历：5 年以下为 1，6 ~ 10 年为 2，11 ~ 15 年为 3，16 ~ 20 年为 4，21 年及以上为 5	4.07（0.84）	2.83（1.16）
技术培训	1 没有，2 非常少，3 较少，4 一般，5 经常	3.42（1.14）	2.87（1.39）
通勤条件	不满意为 1，满意为 2，非常满意为 3	2.34（0.65）	2.09（0.77）

续表

变量	变量描述	均值（标准差）	
		水稻农户	香蕉农户
借贷能力	农户自评在一周内筹款 5 万元的可能性	0.41（0.22）	0.52（0.24）
合作组织	农户是否加入相关农业生产组织，如"合作社、企业＋农户"等组织形式：1 有，0 没有	0.25（0.43）	0.38（0.48）
地区变量	平原地区为 1，非平原地区为 0	0.64（0.48）	0.41（0.49）

表 5 - 1 显示了各变量的描述性统计分析结果。水稻农户中 62% 的样本农户在过去 5 年（2013 ~ 2017 年）存在土地经营规模扩大的事实，但进一步在当前土地规模上有扩大经营规模意愿的水稻农户则只有 48%；而在香蕉农户中，过去 5 年仅有 35% 的样本农户经营规模实现了扩大，在未来 5 年有扩大规模意愿的占比约为 38%，因而香蕉农户和水稻农户在土地经营规模扩张方面存在明显的差异。从 2013 年基期土地规模和 2017 年当期土地规模来看，水稻农户土地规模经营水平显著上升，样本农户的土地经营规模均值从 3.82 公顷提升到 6.19 公顷，而香蕉农户则从 8.88 公顷下降到 5.89 公顷。样本农户的平均年龄大多在 45 ~ 55 岁，教育文化程度多为初中，农户家庭收入以规模经营的农业收入为主，非农收入占比约为 20%，农户普遍具备较为丰富的种植经历，也普遍拥有较强的借贷能力。样本农户中有一定比例的农户加入了相关农业生产合作组织，但总的比例仍然不高，加入相关合作组织的水稻农户占比为 25%，香蕉农户占比约为 38%。

根据前述设定的研究变量和控制变量，并考虑到被解释变量是二元选择性变量，本章构建以下 Probit 模型进行进一步的实证分析，以检验前文提出的假设：

$$\text{Probit}(\text{Scale}) = \beta_0 + \beta_1 \text{AR} + \sum_{i=2}^{12} \beta_i X_{i-1} + \beta_{13} \text{REG} + \varepsilon \qquad (5-1)$$

其中，β_0 是常数项，β_1 是自变量风险偏好 AR 的系数，$\beta_{2~12}$ 是土地规模、农户的年龄、教育水平、非农收入等 12 个控制变量 X 的系数，β_{13} 是地区虚拟变量 REG 的系数，ε 是误差项。

5.3　实证结果与分析

5.3.1　风险偏好对农户过去5年实际土地经营规模扩张的影响

表5-2显示了农户过去5年实际土地经营规模扩张的模型回归估计结果，因 Probit 模型的回归系数没有实际的解释含义，直接给出了模型回归的边际效应结果。根据模型的总体拟合的卡方检验结果可以看出，模型的整体拟合效果较好。

表5-2　农户过去5年实际土地规模扩张的模型回归估计结果

变量	水稻农户		香蕉农户	
	边际效应	标准误	边际效应	标准误
风险偏好	− 0.301***	0.102	− 0.367***	0.065
基期规模	− 0.009***	0.002	− 0.006*	0.003
市场预期	0.152***	0.043	0.104**	0.051
农户年龄	0.008	0.011	0.011	0.009
文化程度	0.021***	0.005	0.038**	0.021
劳动力数	0.005	0.010	0.018	0.023
家庭收入	0.112**	0.053	0.157***	0.058
非农收入	− 0.056	0.052	0.101	0.120
种植经历	0.012	0.013	0.085***	0.031
技术培训	0.003	0.009	− 0.012	− 0.010
通勤条件	0.034*	0.019	0.041	0.011
借贷能力	0.157***	0.054	0.203**	0.089
合作组织	0.071**	0.033	0.039**	0.021
地区变量	0.062*	0.032	− 0.043	− 0.063
LR chi^2	459.32*** （0.00）		200.61*** （0.00）	

注：*、**和***分别表示10%、5%和1%的显著性水平。

从水稻农户和香蕉农户的模型回归结果均可以看出，用风险规避系数代表的农户风险偏好显著抑制了农户的土地经营规模扩张，风险规避系数越大即规避风险的农户土地经营规模扩大的可能性越小，而风险规避系数越小即偏好风险或风险规避较弱的农户土地经营规模扩大的越多。具体对样本农户而言，农户风险规避态度的系数每上升一个单位，水稻农户扩大土地经营规模的概率下降30%，而香蕉农户扩大土地经营规模的概率下降36%。因本书所分析的农户风险规避系数的主要取值范围为 -0.11~0.25，如果农户从完全风险中性（假定风险规避系数 =0）的风险偏好转到高度风险厌恶（假定风险规避系数 =0.20），则水稻农户扩大土地经营规模的概率下降6%，香蕉农户扩大土地经营规模的概率下降7.2%。因香蕉面临的香蕉枯萎病等毁灭性病虫害风险和市场风险均较大，香蕉农户的风险偏好对其土地经营规模决策的影响强于水稻农户。

尽管农户的风险规避态度显著抑制了农户的土地经营规模扩张，但根据本书的调查结果，农户实际扩大了土地经营规模的比例仍然较高，尤其是水稻农户的规模经营扩张比较明显。根据表5-2的模型回归结果，农户对市场预期、文化程度、家庭收入、通勤条件、借贷能力、合作组织、地区变量在一定程度上促进了农户的土地经营规模扩张。无论是水稻农户还是香蕉农户，农户对市场的预期代表了农户对未来收益的预期，也是农户是否扩大经营规模的决定性因素之一，农户对市场预期越高，扩大的经营规模就越多；农户的文化程度是农户经营规模扩张的基础，文化程度越高、越富裕的农户经营规模扩大的越多；农地的通勤条件越好，农户开展规模经营的条件越好，农户的借贷能力越强，其开展规模经营的实力就越强；农户加入农民专业合作组织等可以有效提升农户的生产经营能力，加入合作社或创建合作社的农户其扩大经营规模越多。农户的基期土地规模对农户经营规模扩张存在微弱的负向影响，这表明经营规模较大的农户进一步扩大农地规模的情形下降。另外，水稻农户和香蕉农户在各影响因素变量的边际效应影响中也存在一定的差异，如种植经历对香蕉农户的影响较大，而对水稻农户则不显著，这表明香蕉的生产种植存在一定的技术门槛和经验要求，而水稻农户开展规模经营的生产技术准入门槛较低。而是否所处平原地区，其对水稻农户的规模经营影响较大，而对香蕉农户的影响则不显著。根据实际的调研可知，水稻的规模经营依赖于可流转水田面积，而香蕉则可以在丘陵地区种植。

5.3.2　风险偏好对农户未来 5 年土地经营规模扩大意愿的影响

表 5 - 3 进一步显示了农户在当前生产经营规模的基础上在未来 5 年进一步扩大土地经营规模意愿的模型回归结果。根据模型估计结果，无论是水稻农户，还是香蕉农户，风险偏好变量均在 1% 显著水平上对农户进一步扩大经营规模意愿存在显著负向影响，即农户的风险规避态度会抑制农户进一步扩大经营规模的意愿。根据估计得到的边际效应回归系数可知，水稻农户和香蕉农户的风险偏好的边际效应均强于前面对农户过去 5 年实际是否扩张土地经营规模的边际效应。因受生产过程中的各类生产风险和市场风险的影响，农户的风险规避态度对农户的土地经营规模决策影响更加强烈，农户风险规避态度每上升一个单位，水稻农户进一步扩大经营规模的意愿下降 39.7%，香蕉农户进一步扩大经营规模的意愿下降 45.8%。具体而言，如果农户从完全风险中性（假定风险规避系数 = 0）的风险偏好转到高度风险厌恶（假定风险规避系数 = 0.20），则水稻农户进一步扩大土地经营规模的意愿概率下降 7.9%，香蕉农户扩大土地经营规模的概率下降 9.1%。因香蕉生产经营的风险更大，尤其是受香蕉枯萎病的影响强烈，香蕉农户的风险规避态度对其土地经营规模扩张的抑制作用更加强烈。

表 5 - 3　农户未来 5 年扩大土地规模意愿的模型回归估计结果

变量	水稻农户		香蕉农户	
	边际效应	标准误	边际效应	标准误
风险偏好	- 0.397***	0.037	- 0.458***	0.059

续表

变量	水稻农户		香蕉农户	
	边际效应	标准误	边际效应	标准误
当期规模	− 0. 031 ***	0. 003	− 0. 158 ***	0. 019
市场预期	0. 173 ***	0. 051	0. 094 *	0. 053
农户年龄	− 0. 013 **	0. 007	− 0. 032	0. 035
文化程度	0. 032 ***	0. 009	0. 055 ***	0. 010
劳动力数	0. 008	0. 007	0. 008	0. 007
家庭收入	0. 066	0. 067	0. 089 ***	0. 021
非农收入	− 0. 139 **	0. 070	− 0. 122	0. 110
种植经历	0. 013	0. 012	0. 061 **	0. 030
技术培训	0. 004	0. 005	0. 015	− 0. 016
通勤条件	0. 011 *	0. 006	0. 055	0. 041
借贷能力	0. 117 ***	0. 018	0. 142 ***	0. 049
合作组织	0. 162 ***	0. 050	0. 081 **	0. 037
地区变量	0. 094 ***	0. 018	− 0. 031	− 0. 052
LR chi^2	365. 47 *** (0. 00)		228. 61 *** (0. 00)	

注: * 、** 和 *** 分别表示 10%、5% 和 1% 的显著性水平。

对于其他影响农户规模经营意愿的变量，市场预期、当期规模、文化程度、家庭收入、借贷能力、合作组织等变量对农户进一步扩大规模经营意愿的影响与前面农户过去实际规模经营扩张的影响相似，但也表现出了一定的差异性。受香蕉生产风险更强的影响，农户的当期规模对香蕉农户进一步扩大土地规模的意愿影响更加强烈，市场预期的影响对水稻农户的影响则更大，这表明香蕉农户对生产风险的担忧较大，而水稻农户则更加关心粮食的销售价格。农户的年龄对水稻农户进一步扩大经营规模的意愿表现出了显著的负向影响，而香蕉农户的影响则不显著，这表明随着年龄的增长，农户进一步开展粮食规模经营的意愿下降，而香蕉农户则因更强的专业化水平其年龄的影响不显著。因香蕉的生产投资更大，家庭收入对水稻农户的影响不显著，而对香蕉农户进一步扩大规模的意愿影响显著，而非农兼业则对水稻农户的规模经营存在显著抑制作用。

5.3.3　稳健性检验

基于以上分析，农户的家庭收入、借贷能力等代表资金投资能力的变量对农户经营规模扩张的影响显著。但与此同时，随着农户经营规模的扩大，农户的家庭收入和资金借贷能力也会提高，因而这两个变量可能引起反向因果效应问题。另外，农户的基期和当期土地经营规模可能对农户土地经营规模扩张的影响是非线性的。为了进一步解决以上可能的疑虑，通过删减家庭收入变量和借贷能力变量、增加农户基期和当期土地经营规模的二次项变量对样本数据的回归估计结果进行稳健性检验。

表 5-4 显示了在控制其他控制变量后各模型回归的稳健性检验结果，表中仅显示了关键解释变量农户风险偏好的边际效应回归估计结果。各模型在控制其他控制变量的影响下，无论是水稻农户还是香蕉农户，农户风险偏好对农户土地经营规模的影响以及对未来进一步扩大经营规模的影响均在 1% 显著水平上显著，且各控制变量的影响效应符号与前文回归估计结果基本一致。相比农户过去5 年的土地经营规模扩张，农户风险偏好对在当期经营规模基础上进一步扩大土地经营规模的意愿的影响也更为强烈。这进一步验证，前文主要模型回归估计结果以及关键解释变量农户风险偏好的影响效应的稳健性。

表 5-4　稳健性检验的模型回归估计结果

变量	水稻农户风险偏好		香蕉农户风险偏好	
	边际效应	标准误	边际效应	标准误
过去 5 年规模扩张				
排除家庭收入变量	− 0.309***	0.075	− 0.362***	0.091
排除借贷能力变量	− 0.281***	0.084	− 0.358***	0.101
增加土地面积二次方项	− 0.293***	0.052	− 0.353***	0.135

变量	水稻农户风险偏好		香蕉农户风险偏好	
	边际效应	标准误	边际效应	标准误
未来 5 年规模扩张				
排除家庭收入变量	− 0.392 ***	0.057	− 0.446 ***	0.055
排除借贷能力变量	− 0.373 ***	0.064	− 0.435 ***	0.059
增加土地面积二次方项	− 0.395 ***	0.078	− 0.453 ***	0.101

注：＊、＊＊和＊＊＊分别表示 10%、5% 和 1% 的显著性水平。

5.4　研究结论与政策启示

　　农户的风险规避偏好对农户土地经营规模决策行为影响显著，偏好风险或风险规避态度较弱的农户更多地实现了土地经营规模扩张，且具备更强的进一步扩大土地经营规模意愿。纵然农户的风险偏好均具备典型的风险规避特征，但农户的风险规避态度一定程度抑制了农户的土地经营规模扩张。另外，受农户市场预期、文化程度、家庭收入、通勤条件、合作组织、借贷能力等多方面因素的影响，即使在风险和风险规避态度的影响下，一定数量的农户仍然实现了土地经营规模扩张，且水稻农户在过去一段时间扩大土地规模的比例高于香蕉农户。但在风险和风险规避态度的影响下，无论是水稻农户还是香蕉农户，农户在当期土地经营规模基础上进一步扩大土地经营规模的意愿下降，且香蕉农户因面临更具毁灭性的生产风险，扩大经营规模的意愿弱于水稻农户，农户风险规避态度对农户土地规模经营决策的影响效应更大。

　　为更好地促进农户的适度规模经营，促进现代农业发展，实现农户收入增长、产业兴旺和乡村振兴，建立适合农户适度规模经营的风险管理体系将变得更加重要。在复杂多样的风险影响下，农户的风险偏好会表现出典型的风险规避特征，农户的风险规避态度将在一定程度上抑制农户的规模经营水平，但农户的风险偏好与农地经营规模直接会出现动态变化特征。农户风险偏好在农户不同的经营规模水平上因而建立健全的农业风险管理体系，缓解农户的风险规避态度，提升农户的风险偏好水平，将有助于乡村振兴背景下的农户适度规模经营，进而推进农业现代化与农业可持续发展。

5.5　本章小结

本章通过对已有研究文献的进一步梳理，并在国内外已有的研究基础上，结合广西水稻农户和香蕉农户的规模经营特征，推断并提出农户的风险态度对农户规模经营决策的影响假设，并利用广西水稻农户和香蕉农户的农户田野调查数据，从农户过去 5 年的土地经营规模扩张以及未来 5 年的土地经营规模扩张意愿两个层面，实证分析了农户在风险偏好影响下的土地经营规模决策行为。

基于农户过去实际的土地经营规模扩张和对未来进一步扩大经营规模的意愿的实证分析表明，农户的风险偏好均对农户土地经营规模扩张存在显著负向影响，即农户越规避风险，农户扩大土地规模开展规模经营的概率越小。土地经营规模的扩大必将需要农户更多的资金、人力以及各种生产资料的投入，而因农业生产的不确定性必将形成更大的生产风险和市场风险。因此，规避风险的农户即使在有合适土地转入的条件下也会出现犹豫的态度，而风险偏好水平较高的农户则表现出了更高的扩大土地经营规模的意愿。

应该看到，适度规模经营是乡村振兴背景下现代农业发展的必然趋势，然而受农户风险偏好的影响，土地的规模化经营可能会经历一段缓慢的发展历程。大多数农户惧怕风险、行为相对保守而可能会降低规模经营发展的速度,甚至会出现规模经营过程中土地流转效率低下、农业投资缓慢、技术运用不足等问题。而农户风险偏好的改善则有利于推动适度规模经营的稳定发展。因而建立健全现代农业风险管理体系,缓解农户的风险规避态度,提升农户的风险偏好水平,将有助于乡村振兴背景下的农户适度规模经营,进而推进农业现代化与农业可持续发展。

第6章 风险和风险偏好约束下的
农户有机肥施用行为

因有机肥的时效性特征，施用有机肥往往代表着农户对农地的一种长期投资行为。一方面，有机肥的肥效见效慢，需要长期的有机肥施用才能获得较好的效果，而对于规模经营的农户而言，因多数土地来自于土地流转市场，农户为了获得短平快的作物生长时效，往往施用化肥的情形较多；另一方面，有机肥相比化肥具备独特的肥效优势，对农产品品质和土壤肥力的长期正向作用，又能帮助农户降低生产风险并确保农户获得更好的农业产出，从而从风险的角度来看，农户可能会增加有机肥的施用。基于此，本章利用水稻农户和香蕉农户的田野调查数据，研究分析风险和风险偏好影响下农户的有机肥施用行为。试图回答农户较低的风险偏好水平即风险规避是否会促进农户施用更多的有机肥？

6.1 理论基础与研究假设

优良的肥料是增加作物产量和确保粮食安全的重要生产资料。长期以来，过度施用化肥导致了土地退化、面源污染和温室气体排放等严重的环境问题 (Zhang 等, 2015)。我国是世界上最大的化肥消费国, 近年来, 年均消耗化肥 6000 万吨, 占全球化肥消费总量的 30% 左右。为推进现代农业的绿色可持续发展, 在满足中国食品需求和粮食安全的前提下, 适度减少化肥施用量以减少其负面影响变得越来越重要。因而, 政府提出了多方面减少化肥过度施用的措施, 如对农业生产者实施有机肥使用的奖补政策、对有机肥生产企业实施免税政策等, 并提出 2020 年实现化肥和农药用量的零增长目标。长期以来, 人们普遍认为有机肥可以有效改善土壤质量和土壤营养, 提高农业生产率, 并在一定程度上减少化学农药使用对环境和健康的不利影响, 从而更好地实现农业的可持续发展 (Wu 等, 2018)。然而国内外也有研究表明, 由于农户担心短期内施用有机肥导致作物减产、有机肥制作使用的不便或不喜欢有机肥料的异味等, 有机肥料的施用率仍然低下 (Huang 等, 2015; Wang 等, 2018)。

已有研究表明, 农户施用化肥还是有机肥的生产行为受多方面因素的影响, 如农场以及农户自身的年龄、教育等个体禀赋特征 (Wu 等, 2018; Xu 等, 2014), 农户家庭的非农就业情况 (Rakhshanda 和 Awudu, 2016), 农户所获得的知识教育培训 (Huang 等, 2015; Yusuf 等, 2017) 以及其他如肥料供应链、政策环境 (Hasler 等, 2016; Bai 等, 2014) 等社会经济因素。除了以上这些因素外, 一些研究认为有机肥料是农户的长期投资选择, 从而土地使用权的安全稳定是影响其施用有机肥的重要决定因素 (Abdulai 等, 2011; Jacoby 等, 2002; Li 等, 1998)。但也有学者研究发现土地施用权的安全稳定性对农户是否使用土壤保护性投资的影响较弱 (Arcand 等, 2007; Gao 等, 2012)。而来自亚洲发展中国家的经验证据也表明, 非农就业和农民专业合作社在促进农户对有机肥施用和土壤改良的投资方面具有重要的影响 (Ma 等, 2017; Rakhshanda 和 Awudu, 2016)。基于以上研究, 很显然农户的化肥或有机肥投资决策受到多种因素的共同影响, 但大多数研究关注的是可观察到的特征, 而对可能的心理决定因素的实证分析则较少涉及。在可能影响农户生产决策的心理因素中，农户感知和风险态度可能是最重要的影响因素。现有研究表明，农户对有机肥的认知和看法往往会影响他们对有机肥的施用并进一步开展改良土壤的投资（Adimassu 等，2013；Case 等，2017；Yusuf 等，2017）。Case 等（2017）对丹麦的农场主研究表明，农户认识到有机肥对土壤结构的改善作用是农户施用有机肥的重要原因，而难闻的气味、营养含量的不确定性、有机肥施用的不方便等则是农户施用有机肥的主要障碍。Hou 等（2018）利用欧洲多个国家的数据也发现，较高成本和较长的回报期是农户施用化肥而不施用有机肥的重要障碍因素。此外，发展中国家的农户普遍对生产风险和气候变化持风险厌恶的态度（Binswanger，1980；Holt 和 Laury，2002；Yesuf 和 Bluffstone，2009），这些因素会影响他们的投资和对农业技术以及有机肥的施用（Monjardino 等，2015；Nielsen 等，2013；Wossen 等，2015）。其潜在的逻辑关系可能是因为生产的不确定性一般会导致肥料的过度施用，而由于有机肥对土壤改良和土壤肥力的长期作用，可能潜在地保护作物的生长免受生产风险并提高农作物的产出质量（Yang et al.，2015），这可能会刺激厌恶风险的农户转而施用更多的有机肥。因而更好地理解有机肥感知、风险偏好和有机肥施用与投资之间的可能联系，研究分析农户的风险规避态度是否会影响农户的有机肥施用，将在理论上对现有研究进行必要的实证补充，在现实中也有利于制定更好的化肥替代政策，从而更好地推进有机肥的施用和乡村振兴背景下的现代农业绿色可持续发展。

基于以上分析逻辑，农户的风险偏好似乎会成为影响农户施用有机肥的重要决定性因素，而已有的研究中却很少专门分析农户的认知与风险偏好是否会以及如何影响农户的有机肥施用和投资。

据此，提出假设：农户对有机肥的认知以及农户的风险偏好会正向影响农户的有机肥施用，规避风险的农户会表现出更强的有机肥投资意愿。

6.2　研究方法与数据说明

6.2.1　研究方法与模型设计

农户施用有机肥存在明显的两阶段决策特征，首先在第一阶段农户会决定是否施用有机肥，其次在第二阶段农户需要决定施用多少有机肥。为了研究农户在风险和风险偏好影响下的有机肥使用行为，并分别对水稻农户和香蕉农户进行比较分析，施用 Tobit 模型对农户的有机肥施用行为进行实证分析。本书的农户调查数据也表明，样本农户中并不是所有的农户都施用了有机肥，且施用有机肥的农户中其使用量也存在明显的差异，因而选用 Tobit 模型进行实证分析是合理的。具体的模型表达式如下所示：

$$Y_i^* = \alpha_1 PR_i + \alpha_2 AR_i + \alpha_3 X_i + \epsilon_i \qquad (6-1)$$

$$Y_i = \begin{cases} Y_i^*, & \text{if} \quad Y_i^* > 0 \\ 0, & \text{if} \quad Y_i^* \leqslant 0 \end{cases} \qquad (6-2)$$

在模型（6-1）中，潜变量 Y_i^* 是一个随机变量，用来测量农户 i 在他们所经营的农地上的有机肥投入量，为了方便计算，以农户每公顷投入有机肥料所支出的现金价值计算，如农户没有施用有机肥就等于零。PR_i 是农户 i 对有机肥的认知，AR_i 是农户 i 的风险偏好，用前文所测度的农户风险规避系数表示。X_i 是一组可能影响农户 i 有机肥施用和投资的人口及社会经济特征，这些变量指标主要根据已有研究和本书的农户调查中选取确定。α_1、α_2 和 α_3 是估计参数向量，ϵ_i 是服从正态分布的随机扰动项。

为了比较农户的有机肥料的投资，进一步使用最小二乘法（OLS）估计对农户的化肥施用与投资行为进行实证分析。与只有部分农户施用有机肥料的情况不同，农户均或多或少施用化肥，从而所有样本农户的化肥施用都是正的货币投资，因而适合使用 OLS 回归研究分析农户对化肥的施用。线性回归模型的形式如模型（6-1）所示，左侧的被解释变量为观测到的农户化肥投资金额。因本书关注的焦点是风险偏好影响下的农户有机肥料施用行为，本章进一步用 Cragg（1971）提出的 Double - hurdle 模型检验 Tobit 模型估计和统计推断的稳健性。Double - hurdle 模型不同于 Tobit 模型，Double - hurdle 模型是允许参与决策和消费决策相互独立的随机过程。因此，它是一个理想的稳健性检验工具。Double - hurdle 模型的使用方程和投资方程分别为：

$$Z_i^* = \beta_1 PR_i + \beta_2 AR_i + \beta_3 X_i + u_i \tag{6-3}$$

$$Y_i^* = \gamma_1 PR_i + \gamma_2 AR_i + \gamma_3 X_i + v_i \tag{6-4}$$

其中，Z_i^* 是潜在的农户是否施用有机肥料指标，Y_i^* 是潜在的农户施用有机肥的投资量指标。β_1、β_2、β_3、γ_1、γ_2、γ_3 是估计参数向量，u_i 和 v_i 服从均值为零、同方差的独立正态分布。观察到的投资变量 Y_i 和潜在投资变量 Y_i^* 的关系是：

$$Y_i = \begin{cases} Y_i^*, & \text{if} \quad Z_i^* > 0 \\ 0, & \text{if} \quad Z_i^* \leqslant 0 \end{cases} \tag{6-5}$$

6.2.2　数据与描述性统计分析

样本选取以 2017 年 4~8 月以及 2018 年 2~6 月在广西各粮食主产区以及香蕉主产区进行田野调查所取得的农户田野调查数据进行实证分析。具体调查区域包括南宁、贵港、玉林、钦州、柳州、桂林和北海 7 个地级市的 15 个水稻主产县和 10 个香蕉主产县。数据采集使用多级分层抽样策略。在第一阶段，根据水稻/香蕉对当地农业经济的贡献度，按照历史生产数据，选取南宁、贵港、玉林、钦州、柳州、桂林和北海 7 个地级市作为原始样本区，所选取的 7 个地级市的水稻和香蕉的总产量均超过广西 14 个地级市水稻和香蕉总产量的 50%，其中，样本所在区域地级市的水稻产量占比达 60%，香蕉产量达 80%。在第二阶段，根据过去 4 年的水稻和香蕉种植面积，进一步选取 15 个水稻主产县和 10 个香蕉主产县。在第三阶段，进一步在所选取的主产县中，选取水稻和香蕉产量排名靠前的 2~3 个乡镇，并从每个乡镇随机选出 10~15 户适度规模经营的水稻农户和 10 户香蕉农户开展农户田野调查。因部分农户经营规模调整不满足适度规模经营的要求，或者无法联系上，本书在各水稻主产区和香蕉主产区最终完成了 431 户水稻农户和 240 名香蕉农户的田野调查访谈。农户田野调查的主要内容包括常规的农户个体特征、生产经营问题和风险偏好选择实验。具体的农户调查内容包括：农民的性别、年龄、教育等人口特征；农民家庭特征，如家庭成员人数、非农就业等；农地农场特征，如农地规模、农场类型、投入产出细节，包括有机肥和化肥施用与投资情况；农户对有机肥的多重认知；以实际生产数据为基础的 MPL 随机风险偏好选择实验。

本章所涉及的主要变量的描述性统计调查结果如表 6-1 所示，42% 的水稻农户和 61% 的香蕉农户在开展适度规模经营过程中，施用了有机肥料，而所有农户在他们的农田里均施用了化肥。因香蕉的生产特性，香蕉种植农户的肥料投资要远高于水稻农户，且有机肥料的投资施用量也比水稻农户高很多。与水稻作物不同的是，香蕉作为一种高投入高收益的园艺经济作物，为获得更高的产出，香蕉农户施用有机肥料的积极性更高。在关键解释变量中，农户对有机肥的认知以及农户的风险态度是本书重点关注的变量。表 6-1 的数据结果表明，与水稻农户相比，香蕉农户普遍更认同有机肥料的优点，而较少认同有机肥料的缺点，这种差异可能来自于两种作物不同的农业生长特性。无论是水稻农户还是香蕉农户，农户均表现出了典型的风险规避特征。水稻农户的风险规避系数均值为 0.11，即处于规避风险和非常规避风险的风险厌恶层次。香蕉农户的风险规避系数均值为 0.06，即处于轻微厌恶风险的层次，这表明香蕉农户的风险偏好高于水稻农户。对于其他控制变量而言，水稻农户和香蕉农户的其他家庭特征变量和农地特征变量大部分相似。

表6-1　农户有机肥施用与投资相关变量的描述性统计分析

变量	定义	平均值（标准差）	
		水稻	香蕉
有机肥与化肥施用投资变量			
有机肥施用	农户施用有机肥为1，否则0	0.44（0.49）	0.61（0.48）
有机肥投资	有机肥支出投资额（千元/公顷）	0.42（0.52）	7.32（6.49）
化肥投资	化肥支出投资额（千元/公顷）	1.89（0.39）	13.66（2.78）
农户对有机肥的看法（5分量表：1＝不同意，5＝非常同意）			
环境友好	施用有机肥可以保护环境	3.43（1.08）	3.54（0.86）
土壤改良	施用有机肥可以改善土壤	3.14（1.07）	3.65（0.94）
增加产量	施用有机肥可以增加农产品产量	2.54（1.14）	3.31（1.13）
提高质量	施用有机肥可以提高农产品质量	2.65（0.91）	3.55（1.05）
成本增加	施用有机肥会增加生产成本	3.74（0.92）	3.53（0.87）
肥效缓慢	施用有机肥的肥力见效缓慢	3.93（1.09）	3.57（1.01）
农户风险偏好及相关特征变量			
风险偏好	通过MPL实验估计的风险规避系数	0.11（0.10）	0.06（0.10）
农户年龄	农户户主年龄（岁）	48.87（8.81）	48.10（9.29）
户主性别	户主性别（1＝男性，0＝女性）	0.92（0.27）	0.86（0.35）
教育程度	农户户主教育程度（年）	7.82（2.53）	8.05（2.39）
家庭人数	农户家庭规模总人数	4.34（1.07）	4.57（1.24）
农场规模	水稻、香蕉总种植面积（公顷）	6.19（9.09）	5.89（8.85）
代表资产	稻农拥有旋耕拖拉机或蕉农拥有四轮机械农用车为1，反之则为0	0.38（0.49）	0.48（0.50）
农地肥力	农户对农田土壤肥力的自我评估，1代表最差，5代表最好	3.29（1.10）	2.66（1.00）
农地产权	农户认为农地使用权在未来5年内不会改变为1，否则为0	0.69（0.46）	0.62（0.48）
合作组织	农户为相关合作社社员为1，否则为0	0.25（0.43）	0.38（0.48）
技术培训	农户接受过相关技术培训为1，否则为0	0.33（0.47）	0.40（0.49）
农场距离	农场与家的距离：1近，2中等，3远	2.05（0.82）	2.16（0.80）

为进一步分析水稻农户和香蕉农户中施用有机肥和没有施用有机肥农户之间的差异，表6-2显示了水稻农户和香蕉农户中施用有机肥和没有施用有机肥两类农户的描述性统计分析结果，并使用t检验来检验有机肥施用农户和非施用农户在观察到的特征上是否存在显著差异。从表6-2的结果可知，施用有机肥的农户施用的化肥明显更少，说明有机肥和化肥两者之间存在明显替代性。与没有施用有机肥的农户相比，施用有机肥的农户对有机肥的环境保护特性、有机肥的增产和提升农产品质量的效果拥有更强的认知，而不容易将高成本视为施用有机肥的障碍。此外，施用有机肥的农户更厌恶风险，无论是水稻农户还是香蕉农户，观察到的种植两种作物的农户其平均风险规避系数都更大。对于种植这两种作物的农户而言，施用有机肥料的农户一般都受过更好的教育，拥有更大的经营规模，土地产权更有保障，更多的农户是农民专业合作社社员，更多的农户拥有有机肥料相关技术培训的经历。没有施用有机肥的农户通常比施用有机肥的农户对其耕种的农地土壤肥力更乐观。这些统计上显著差异进一步说明，以上因素是农户施用有机肥的重要干扰因素，需要科学地分离出来，从而更好地识别农户感知和风险偏好对农户有机肥施用行为的影响。

表6-2　施用有机肥与没施用有机肥样本农户的描述性统计分析

变量	水稻农户均值（方差）		香蕉农户均值（方差）	
	施用（n=184）	没施用（n=247）	施用（n=146）	没施用（n=94）
有机肥投资	0.95（0.34）	0.00**（0.00）	12.03（3.52）	0.00**（0.00）
化肥投资	1.53（0.28）	2.17**（0.18）	12.46（2.38）	15.53**（2.28）
风险偏好	0.17（0.11）	0.06**（0.06）	0.11（0.08）	-0.01**（0.07）
环境友好	3.58（1.03）	3.31**（1.09）	3.69（0.89）	3.28**（0.76）
土壤改良	3.77（1.02）	2.63**（1.07）	3.92（0.73）	3.21**（1.06）
增加产量	3.23（1.13）	2.00**（0.82）	3.82（0.98）	2.52**（0.86）
提高质量	3.15（0.86）	2.27**（0.76）	4.15（0.73）	2.62**（0.75）
成本增加	3.29（0.89）	4.11**（0.77）	3.08（0.66）	4.20**（0.73）

续表

变量	水稻农户均值（方差）		香蕉农户均值（方差）	
	施用（n=184）	没施用（n=247）	施用（n=146）	没施用（n=94）
肥效缓慢	3.93（1.07）	3.94（1.12）	3.61（0.99）	3.50（1.04）
农户年龄	49.56（8.69）	48.31（8.87）	46.81（9.47）	50.11**（8.67）
户主性别	0.91（0.29）	0.93（0.25）	0.84（0.37）	0.89（0.31）
教育程度	8.35（2.49）	7.48**（2.57）	8.96（2.33）	6.63**（1.69）
家庭人数	4.37（1.14）	4.32（1.02）	4.63（1.32）	4.49（1.10）
农场规模	7.48（7.42）	5.17**（5.92）	7.45（9.86）	3.49**（6.35）
代表资产	0.51（0.50）	0.28**（0.45）	0.61（0.49）	0.29**（0.45）
农地肥力	2.64（0.96）	3.82**（0.92）	2.29（0.89）	3.23**（0.88）
农地产权	0.87（0.34）	0.55**（0.50）	0.85（0.35）	0.27**（0.44）
合作组织	0.26（0.43）	0.25（0.43）	0.55（0.49）	0.12**（0.32）
技术培训	0.55（0.49）	0.16**（0.37）	0.53（0.50）	0.19**（0.39）
农场距离	2.18（0.82）	1.95**（0.82）	2.13（0.83）	2.21（0.76）

注：*、**分别表示 t 检验在 5%、1% 的显著性水平。

6.3　实证结果与分析

　　表 6-3 分别显示了水稻农户和香蕉农户投资施用有机肥和化肥的回归估计结果。水稻农户和香蕉农户的回归模型均通过了相应的检验，模型整体拟合效果较好。为防止模型中可能存在的多重共线性问题，在进行最终的估计拟合前，使用方差膨胀系数（VIF）检验的方法对各变量进行了 VIF 检验，所有的 VIF 值均小于 3，可以排除模型各变量之间存在严重的多重共线性问题，因而本章的回归估计模型是适当的。

表 6 – 3　农户施用有机肥和化肥投资的回归估计结果

变量	水稻农户		香蕉农户	
	有机肥（Tobit 模型）	化肥（OLS 模型）	有机肥（Tobit 模型）	化肥（OLS 模型）
风险偏好	1.205 ** （0.294）	– 0.464 *** （0.133）	10.787 *** （2.984）	8.152 *** （1.680）
环境友好	0.006 （0.023）	– 0.009 （0.010）	– 0.022 （0.267）	– 0.031 （0.149）
土壤改良	0.160 *** （0.024）	– 0.057 *** （0.009）	0.761 *** （0.293）	– 0.389 *** （0.143）
增加产量	0.118 *** （0.033）	– 0.097 *** （0.013）	1.333 *** （0.267）	– 0.380 *** （0.142）
提高质量	0.188 *** （0.030）	– 0.161 *** （0.013）	2.444 *** （0.329）	– 0.673 *** （0.169）
成本增加	– 0.103 ** （0.036）	0.050 *** （0.014）	– 1.598 *** （0.332）	0.398 ** （0.177）
肥效缓慢	0.010 （0.023）	– 0.012 （0.009）	0.433 * （0.230）	– 0.210 * （0.123）
农户年龄	0.004 （0.003）	– 0.003 ** （0.001）	0.018 （0.025）	– 0.069 *** （0.015）
户主性别	0.048 （0.088）	– 0.002 （0.039）	– 0.791 （0.632）	0.207 （0.359）
教育程度	0.024 ** （0.011）	– 0.012 *** （0.005）	0.305 ** （0.122）	– 0.312 *** （0.068）
家庭人数	– 0.073 *** （0.024）	0.021 ** （0.009）	– 0.040 （0.181）	– 0.043 （0.102）
农场规模	0.008 ** （0.003）	– 0.003 ** （0.001）	0.006 （0.027）	0.004 （0.016）
代表资产	– 0.004 （0.055）	– 0.028 （0.023）	0.521 （0.518）	0.086 （0.285）
农地肥力	– 0.203 *** （0.029）	– 0.027 （0.012）	– 0.889 ** （0.349）	0.093 （0.181）
农地产权	0.181 *** （0.065）	– 0.111 *** （0.025）	3.363 *** （0.566）	– 0.596 ** （0.299）
合作组织	– 0.055 （0.056）	0.010 （0.024）	0.882 （0.588）	– 0.851 ** （0.342）
技术培训	0.044 （0.061）	– 0.056 ** （0.027）	0.844 * （0.502）	– 0.526 * （0.283）
农场距离	0.032 （0.030）	– 0.008 （0.013）	– 0.154 （0.281）	– 0.127 （0.156）
LRχ^2	479.2 *** （0.00）	—	431.3 *** （0.00）	—
F value	—	59.57 *** （0.00）	—	16.68 *** （0.00）

注：括号内为标准误；＊、＊＊和＊＊＊分别表示 10%、5% 和 1% 的显著性水平。

6.3.1　水稻农户投资施用有机肥的决定因素

农户的风险偏好显著影响农户的有机肥施用与投资，风险规避系数较大即规避风险的农户更倾向于投资有机肥料。从水稻农户的回归结果中可以看出，越规避风险的农户有机肥施用得越多，且这些水稻农户还倾向于减少对化肥的投资，因而对于水稻农户而言，风险厌恶刺激了农户从化肥向有机肥的转变。以上研究结论与 Isik Khanna 等（2003）、Ramaswami（1992）的研究结论一致。直观上看，有机肥可以通过改良土壤、提高产出来缓解生产风险（Yang 等，2015；Evanylo 等，2008），是一种有效的风险管理策略。

农户对有机肥的认知在水稻农户施用有机肥的投资决策中起着重要作用。具体来说，农户认知到的有机肥对土壤改良、提高产量和提高稻谷质量的效果显著地鼓励了农户有机肥料的投资，而有机肥对生产成本的提升则显著抑制了农户施用有机肥的行为。关于农户施用有机肥的相关经济成本因素的影响的研究结果与 Hou 等（2018）的研究结论一致，他们发现农场主施用畜禽粪便等有机肥的主要障碍与较高的经济处理成本有关。相比之下，这一结果与 Wang 等（2018）的研究结论并不一致，其研究认为产量增加带来的预期收益并不会显著影响中国苹果农户对有机肥的施用。此外，农户认知到的有机肥施用对环境保护的作用对农户是否施用有机肥没有显著影响。这可能是因为，环境的好坏主要是一种公共产品，在肥料投资决策过程中农户还没有考虑到环境的相关作用，而肥料投资决策很大程度上与农场收益最大化的相关认知（增加产量、改善质量、增加成本）有关。这与已有研究中农户对水土流失和土壤肥力下降的意识与农户对土地保护性投资并无显著关联的研究结果一致（Yusuf 等，2017；Adimassu 等，2013）。

表 6 - 3 还显示了水稻农户的有机肥认知对其化肥投资的影响。结果表明，农户对有机肥的正向认知会促进农户减少化肥的施用。也就是说，有机肥改良土壤、提高产出和改善农产品质量的效应会促进农户的减少化肥投资，而对有机肥的成本增加认知则会促进农户施用化肥，这意味着有机肥和化肥之间的可替代性。这与 Zhao 等（2016）的研究观点一致，他们认为使用有机肥可能会减少中国的化肥施用量。与预期一样，农户感知到的有机肥对环境保护的作用以及有机肥缓慢的肥效对农户化肥施用的影响不显著，而风险偏好在肥料选择中起着重要作用。

在其他控制变量中也观察到了有意义的研究结论。水稻农户对有机肥的施用与农户更好的教育、更少的家庭人口数、更大的农场规模、更稳定的土地使用权等因素相关，且这些控制变量对农户化肥投资的影响都是相反的。然而农场规模的影响效应较小，这表明随着农地规模的扩大，较大的稻农可能更注重成本管理，如果有机肥的产量收益不大（见表6-1中关于有机肥增产效应的低普遍认知），适度规模经营农户可能从经济成本的角度考虑减少有机肥的施用而增加化肥的投入。此外，对于比较肥沃的农田而言，较高的土壤肥力会促进农户减少施用肥料，这也证实了表6-2中所观察到的结论。科学的施肥技术培训有助于农户减少化肥的施用，但并不一定能显著促进农户施用有机肥，农民专业合作社与农场距离也未发现对农户施用有机肥存在显著影响。

6.3.2　香蕉农户投资施用有机肥的决定因素

代表风险厌恶程度的风险偏好变量与香蕉农户的有机肥、化肥的投资施用均呈显著正相关关系。这与水稻农户的回归模型不同，对于香蕉农户而言，风险规避促进了农户有机肥施用的同时，也同样对化肥施用具有显著正向促进作用。这可能与香蕉的生长特性有关，众所周知，水稻需要更多的氮元素，香蕉则需要更多的钾元素，而钾主要来自化肥，香蕉较高的钾肥需求无法通过有机肥满足，因而规避风险的香蕉农户仍然会多施钾含量较多的化肥。此外，相比水稻农户，风险厌恶偏好对香蕉农户有机肥投资的影响程度要比水稻农户大得多，这可能是因为香蕉更高的生产投资水平，使香蕉农户在投资决策时更加谨慎。

与水稻农户相比，对有机肥的认知变量中，香蕉农户显示出了相似但略有不同的回归估计结果。与水稻农户的回归估计模型一样，有机肥对作物增产和改善农产品质量的预期效果鼓励了农户对有机肥料的投资，而预期成本的增加则抑制了农户投资施用有机肥。与水稻模型相同，土壤改良效应也显著促进了香蕉农户的有机肥投资，这与Case等（2017）研究发现土壤改良是丹麦农民施用有机肥最重要的原因是一致的。与稻农相比，香蕉农户普遍认为他们的农地土壤肥力较差（见表 6-1），因此倾向于施用有机肥以获得农地土壤养护效益。此外，有机肥的缓慢肥效却对香蕉农户投资施用有机肥存在正向影响，尽管系数估计的显著性水平仅在 10% 的水平上显著。根据本书的农户调查以及对这两种作物生长特性的比较，有机肥缓慢的肥效可能对水稻当期的栽培作用不明显，但对香蕉作物的生长却是有利的，因为相比水稻，香蕉的生长期较长（10~15 个月），营养物质的缓慢释放对香蕉的漫长生产过程是有利的。这与现有的研究结果有很大的不同，现有研究表明，缓慢的肥效是有机肥料施用的一个障碍（Hou，2018）。与水稻模型相似，环境保护效应并不是促进香蕉农户有机肥投资施用的显著因素。同样对于化肥，这些认知变量都对农户化肥的投资施用产生了相反的显著影响，也再次表明了有机肥与化肥两者之间的替代性。此外，这些认知变量对香蕉农户的影响要比水稻农户大得多，这与有机肥投资对香蕉产出的影响要大得多的事实相一致。

促进香蕉农户有机肥投资施用的其他控制变量包括教育、土地经营权稳定性、生产技术培训和土壤肥力等。所有这些显著的决定因素对化肥投资也有着相反的影响作用。此外，参加了农民专业合作社的农户、年龄偏大的农户往往施用较少的化肥，这可能是因为加入了合作社的农户、年龄大的农户能利用合作社与自身的丰富生产经验实现生产技术对化肥的替代，这与 Ma 等（2017）、Wang 等（2018）的研究发现一致。

6.3.3 基于 Double - hurdle 模型的稳健性检验

为进一步检验农户风险偏好对农户有机肥投资施用影响的稳健性，本章进一步使用双栅栏 Double - hurdle 模型对农户投资施用有机肥的行为进行实证检验。水稻农户和香蕉农户 Double - hurdle 模型的有机肥决策模型和投资模型的回归估计结果如表 6-4 所示。

表6-4 农户有机肥投资的 Double - hurdle 模型回归估计结果

变量	水稻农户		香蕉农户	
	决策模型	投资模型	决策模型	投资模型
风险偏好	5.724 *** (1.530)	0.307 *** (0.090)	5.869 ** (2.816)	7.736 *** (1.325)
环境友好	-0.041 (0.086)	0.014 * (0.008)	0.298 (0.255)	0.025 (0.121)
土壤改良	0.441 *** (0.086)	0.019 ** (0.008)	0.139 (0.209)	0.335 ** (0.151)
增加产量	0.187 *** (0.015)	0.104 *** (0.012)	0.542 ** (0.224)	0.498 *** (0.133)
提高质量	0.557 *** (0.116)	0.042 *** (0.010)	1.200 *** (0.323)	0.538 *** (0.170)
成本增加	-0.262 ** (0.129)	-0.081 *** (0.014)	-0.757 *** (0.285)	-0.217 (0.165)
肥效缓慢	0.026 (0.084)	0.006 (0.007)	0.183 (0.190)	0.130 (0.109)
农户年龄	0.016 (0.011)	-0.001 (0.001)	0.011 (0.024)	0.016 (0.011)
户主性别	0.201 (0.331)	0.008 (0.028)	-0.018 (0.470)	-0.065 (0.295)
教育程度	0.134 *** (0.041)	0.002 (0.003)	0.125 (0.154)	0.328 *** (0.055)
家庭人数	-0.126 (0.085)	-0.006 (0.008)	-0.046 (0.141)	-0.004 (0.082)
农场规模	0.024 ** (0.012)	0.001 (0.001)	-0.006 (0.028)	-0.014 (0.011)
代表资产	-0.007 (0.193)	0.029 (0.018)	0.629 (0.542)	0.086 (0.235)
农地肥力	-0.468 *** (0.101)	-0.063 *** (0.012)	-0.012 (0.282)	-1.494 *** (0.182)
农地产权	0.191 (0.195)	0.129 *** (0.027)	1.654 *** (0.443)	0.277 (0.301)
合作组织	-0.082 (0.207)	-0.031 * (0.018)	-0.332 (0.607)	1.084 *** (0.267)
技术培训	0.035 (0.218)	0.037 * (0.021)	0.421 (0.447)	0.635 *** (0.224)
农场距离	0.122 (0.108)	0.005 (0.010)	-0.269 (0.228)	0.134 (0.128)
Wald χ^2	142.2 *** (0.000)		39.91 *** (0.002)	
Log likelihood	-363.4		-272.1	

注：括号内为标准误；＊、＊＊和＊＊＊分别表示10%、5%和1%的显著性水平。

表6-4的模型估计结果进一步表明，无论是在 Double - hurdle 模型的决策模型，还是在投资模型，水稻农户和香蕉农户的风险规避偏好均与其有机肥投资施用表现出了显著的正相关关系，这进一步验证了本章的主要研究结论，即风险规避型的农户不仅更有可能施用有机肥，而且倾向于投资更多的有机肥。这与 Monjardino 等（2015）、Bezabih 等（2012）分别对澳大利亚和埃塞俄比亚农民风险规避偏好影响下的生产决策行为的结论一致。此外，由于双栅栏模型区分了使

用决策和投资水平决策，表6－4的估计结果对水稻农户和香蕉农户的有机肥施用提供了更多有用的信息，并有助于帮助完善相关政策支持工具。

对于水稻农户和香蕉农户而言，农户认知到的有机肥改良土壤效应、增产效应、提高产品品质效应以及成本增加效应都显著影响了农户的有机肥施用与投资决策，这进一步验证了前述研究结论，即农户对有机肥相关特性功能的认知水平对农户有机肥的施用存在显著影响。这意味着，农户对有机肥的施用一方面会考虑有机肥对农业产出的正向作用，另一方面也会考虑收益—成本的权衡。此外，对有机肥施用的感知成本的增加对香蕉农户有机肥投资水平没有显著影响，而有机肥的增产效应和提质效应的影响非常显著。这是符合实际逻辑的，因为香蕉作物需要较多的有机肥，有机肥施用成本的小幅波动可能不会妨碍农户的有机肥施用量。此外，前文研究结果发现的土壤改良效应的影响在香蕉种植户的决策模型中没有得到证实，但在投资模型中得到了验证。有机肥的环境友好性认知和肥效缓慢认知再次被证实是相对独立于农户对有机肥料的施用和投资决策的。

对于其他控制变量的系数估计值，在 Double－hurdle 模型中也存在一定的差异。例如，在 Tobit 模型中，农场规模对水稻农户有机肥施用的影响是积极且显著的，但这种影响在不同的决策阶段中表现出一定的差异。农场规模对农户有机肥投资量的影响不显著，这意味着农户更倾向于施用一定的有机肥，但不一定会增加有机肥的投资量。而且，在水稻农户的有机肥决策模型中，农地产权的稳定性对其有机肥的施用并不显著，这可能是因为许多水稻农户相信他们的土地使用权在短期是安全的（约占表6－1中样本总数的69%），因此农地产权稳定性的微小差异对农户是否施用有机肥的影响很小。这些差异再次为我们了解农户投资施用有机肥提供了额外信息，但本章主要关注的重点是农户风险偏好与有机肥投资施用之间的关系，上述估计结果进一步证实了本章的主要研究结论，其他控制变量的相关影响差异对本章的主要研究结果稳健性的影响不大。

6.4　结论与讨论

本章利用对广西水稻农户和香蕉农户的田野调查数据，实证分析了农户风险偏好与有机肥认知对农户有机肥施用和投资的影响。通过 Tobit 模型的实证估计发现，农户的风险规避偏好以及农户对有机肥的提质增产等感知效应，对农户投资施用有机肥行为有着显著影响。并与进一步通过 OLS 回归估计的农户化肥投资进行了比较和对比分析，进一步证实农户有机肥与化肥投资之间的可替换性，农户有机肥投资的大多数影响因素变量对农户化肥的施用具有相反的影响关系。本章研究使用 Double - hurdle 模型进行了稳健性检验，进一步验证了本章的主要研究结论，即农户的风险规避偏好以及农户对有机肥的认知是农户施用有机肥的主要影响因素。

本章的研究结果一致表明，农户的风险规避偏好以及对有机肥的认知对农户有机肥施用与投资起着重要作用。农户对有机肥的相关认知变量的实证分析结果表明，农户对有机肥的施用投资决策主要受农户开展适度规模经营的利润函数决定，即有机肥带来的土壤改良、作物产量增加和改善农产品品质与农户对施用有机肥的感知成本增加的比较。然而对适度规模经营的农户来说，有机肥的环境保护功能似乎没有吸引力。

本章的研究结论对我国乡村振兴背景下的现代农业绿色可持续发展具有重要的政策指导意义。第一，如果农户越来越了解有机肥的风险管理作用，农户会增加对有机肥的施用与投资。在制定促进化肥向有机肥转变的政策时，必须考虑各种类型的农业生产风险、农户的风险偏好与农户的生产投资决策之间的内在关系。第二，农户对有机肥相关效应的认识和知识可以成为推广有机肥施用的潜在工具。在过去的许多年里，我国大量化肥施用已经对农地生态系统形成了巨大挑战和压力，而在一定程度上施用有机肥替代化肥，可以提高农业生产率，并进而提高农地的可持续生产能力。而通过强化农户对有机肥的施用知识培训和示范推广可以有效提高农户对有机肥的正向认知，并进而推动有机肥对化肥的替代进程。第三，施用有机肥后可能形成的成本增加应该在推广有机肥施用的前期通过相应的政策予以干预，并通过有机肥供应链的各环节帮助农户降低施用有机肥的成本，如对有机肥生产处理加工过程的补贴、免税以及强化有机肥相关研发与知识培训。第四，本章对水稻和香蕉作物的对比分析表明，农户在不同作物之间的有机肥施用与投资可能存在差异，因而相关政策工具的推行与实施也应该考虑作物的异质性问题。第五，相关控制变量的影响估计结果也表明，促进农民合作社的发展，进一步开展农村土地制度改革加强土地使用权流转与相关权益保障，可以对有机肥料的投资产生积极的影响。

6.5　本章小结

本章利用水稻农户和香蕉农户的田野调查数据，并在第 4 章农户风险偏好研究结论的基础上，从农户风险规避偏好与农户有机肥认知的角度研究分析了农户风险偏好对其有机肥施用投资决策的影响。本章通过对已有研究文献的进一步梳理，并在国内外已有研究基础上，结合适度规模经营农户的有机肥施用特征，推断农户的风险规避偏好会促进农户施用投资有机肥。并提出假设，利用调查数据，建立农户有机肥施用的 Tobit 模型和化肥施用的多元回归模型，分别对水稻农户和香蕉农户的有机肥与化肥施用进行回归分析并验证了假设，最后使用 Double - hurdle 模型进行稳健性检验，并进一步验证了本章的研究结论。

本章的研究结果表明农户的风险规避态度以及农户对有机肥的认知对农户有机肥施用与投资具有显著正向作用。基于有机肥的风险管理效应，农户的风险规避偏好会正向促进农户施用并增加有机肥的投资，风险规避型农户更倾向于投资有机肥。同时当农户认知到有机肥能提高产量和产品质量时，也会进一步激励农户的有机肥投资行为，但当农户认知到施用有机肥的成本增加效应时则会抑制农户对有机肥的投资。此外，大部分影响有机肥投资行为的相关影响因素变量对其化肥投资行为会形成相反的影响，这意味着有机肥和化肥是可替代的。本章的研究也进一步说明了强化有机肥的风险管理作用、提高农户对有机肥的认知，能有效提高农户对有机肥的施用，将有利于中国农业的绿色可持续发展。

第 7 章　风险和风险偏好约束下的 农户生产机械投资行为

　　农业机械化是现代农业发展的重要标志，加快推进农业机械化提高农业生产的装备水平，是促进现代农业发展和实施乡村振兴战略的重要内容。农业生产的机械化，不仅可以提高农业生产率、推动农业生产的标准化和农业资源的可持续发展，也可以提高农户防灾减灾和应对自然灾害风险的能力（罗锡文等，2016）。农业生产的弱质性，在农业保险等正规风险管理工具还不完善的背景下，农户自身的事前、事后风险应对措施是农户管理灾害风险的主要办法，农户对生产性机械设备的广泛应用正是农户应对自然灾害风险实施风险管理的有效措施。而农户为了规避风险是更多地投资购买机械还是购买机械服务，基于风险与风险规避的视角开展深入的实证研究，可以从内在机理层面理解农户的农业机械投资购买行为，这对于更好地引导农户开展农业机械投资与服务采用，推进小农户与现代农业的有机衔接、实施乡村振兴战略具有重要的意义。

　　在进行农业生产机械投资中，水稻产业相比香蕉产业更具有研究的基础和条件。水稻产业已经基本实现全程机械化，且适度规模经营农户的生产机械投资已经成为农户开展水稻适度规模经营的重要先决条件，而香蕉产业则机械化水平较低，因而水稻农户给本章研究提供了一个更佳的农户样本数据基础。基于此，本章基于效用最大化理论和前景理论，利用广西适度规模经营水稻农户的调查数据，研究分析生产风险、风险规避对农户生产机械投资的影响，探讨其作用机制，并从农户投资购买机械与购买机械服务两个方面解析风险和风险偏好影响下的农户农业生产机械投资行为。

7.1　理论基础与研究假设

关于农户机械投资与购买机械服务的研究主要聚焦于劳动与机械的替代效应、土地规模和土地质量的抑制效应、农机购置补贴的激励效应等方面，而基于农户风险偏好的视角研究分析农户生产机械投资行为国内却较少有学者涉及。已有研究主要从农业机械购置补贴、农地规模、土地细碎化、劳动力成本和专业化水平等方面研究分析农户投资购买机械设备的主要影响因素（王全忠等，2019）。一方面农业机械购置补贴、农户老年化、兼业化和劳动工资的快速上涨等促进了农户对机械设备的投资与普及应用（曹光乔等，2010；Wang Xiaobing 等，2016；王许沁等，2018）；另一方面土地细碎化、小农户小规模经营则抑制了农户对大型生产机械的投资，促进了农户对社会化机械服务的采用（李琴等，2017；陈昭玖等，2016），并认为农业机械服务的产业化有力地解决了小规模农户无力购买机械和雇用劳动力的矛盾（蔡键等，2017）。小农户因经营规模小对投资购买现代大型生产机械设备固然存在资金约束，但土地细碎、农户兼业等因素也同样会导致农户购买机械服务面临生产中的成本上升和各种生产风险（李宁等，2019）。当市场上存在机械服务的供给时，机械设备的投资、机械服务购买与劳动供给之间仍然是一种复杂的关系，机械服务的供给并不一定替代农户对机械设备的投资（Ji Yueqing，2012）。而在风险环境下，农户所面临的生产风险和农户自身的风险规避态度也会影响农户的生产机械投资（Katic 和 Ellis，2018），农户可能因为规避风险而投资购买更多的生产性机械设备（Koundouri 等，2006；Takeshima 等，2012），减少购买第三方机械服务（孙顶强等，2019）。

虽然众多学者就农户的生产机械投资与机械服务外包展开了大量研究，但国内研究大多忽略了农户所面临的生产风险和风险规避态度对农户生产机械投资的影响，且较少考虑农业生产机械自身可能存在的风险管理效应。根据效用最大化理论，农户的农业机械投资决策是农户预算约束下投资生产机械的成本与预期收益进行比较的结果。然而在风险环境下，农户农业机械投资的预期收益并不是简单的机械价格与人工工资的比较，如果农户能通过投资购买的农业生产机械更好地降低农业生产中的风险，则农户会因投资购买了生产机械而进一步提高农业产出的预期收益。纵然农业生产机械存在一定的资产专用性问题，但考虑到第三方机械服务的不及时和服务成本，对于风险规避的农户而言，仍然可能会从心理上对投资购买机械的预期收益形成较大提升，从而在农户的决策过程中表现出投资购买机械所带来的农业产出收益高于其投资成本。另外，根据前景理论，农户的农业机械投资决策还会受到农户的主观认知预期与风险规避态度的影响。在风险环境下农户的农业生产决策并不是完全理性的决策行为，一旦农户对相关生产机械的风险管理效应形成认知，当在面对农业风险损失时，自家拥有并随时可以使用的农业机械会成为农户的保险方案，农户这种不愿意冒险的心理会促使农户选择购买农业生产机械而减少购买机械服务。

生产风险对农户农业机械投资的影响。农业生产过程中面临复杂多样的生产风险，农业生产机械逐渐成为农户新的事前、事后风险管理工具，随着现代农业的发展和劳动力工资的上涨，农业生产的机械化水平大大提高，农业机械的防灾减灾作用越来越明显，并表现出越来越强的风险管理效应（Koundouri 等，2006）。农业机械所带来的风险管理效应越强，对农户面临生产风险时的期望效用提升就越大，如果投资机械的期望效用提升到高于机械的投资成本，则会使农户自我感知的期望效用因投资购买机械而达到最大化（Takeshima 等，2012）。长期以来，农户应对农业灾害风险的策略措施往往有限，纵然农户可以根据在风险发生前后生产经验选择多样化种养、农业保险、消费平滑和非农就业等策略规避风险损失（Makuvaro 等，2018），但农户仍然需要从农业生产的多个环节利用现代化的农业生产机械装备防范风险（叶明华等，2017）。Takeshima 和 Yamauchi（2012）研究表明，农户在资金约束得到一定缓解的条件下，农户会因干旱、洪涝等灾害风险更加积极地投资购买水泵等机械设备，而市场价格的波动则会让农户更加积极地投资购买农产品加工机械设备。另外，劳动力工资的上涨致使机械对劳动的替代加快，农户对农业机械投资的增加本质上也是农户降低成本上升风险、缓解农忙时节劳动力不足的风险管理措施（Wang 等，2016）。基于以上分析，本书认为农业生产机械对于适度规模经营农户存在显著的风险管理效应，生产风险会在一定程度上促进农户投资购买农业生产机械而减少购买机械服务。

风险规避态度对农户农业机械投资的影响随着前景理论和行为经济学的快速发展，国内外学者越来越关注到风险规避态度对个体行为决策的影响。因风险分担机制的不健全，农户应对灾害风险的能力有限，对待风险的态度表现出较强的风险规避特征。已有研究表明，农户的风险规避态度是影响农户生产投资和风险策略选择行为的重要因素（Van Winsen 等，2016），农户的风险规避态度对农户的农药化肥等投入品使（施）用（Cotty 和 Hotel，2018）、灌溉水管理（Katic 和 Ellis，2018）、农业保险购买（Lyu 和 Barre，2017）、土地资源配置和作物选择（Ouattara 等，2019）等生产决策均存在显著影响。农业机械设备投资作为农户生产投资的重要组成部分，农户的风险规避态度也是其是否投资购买机械设备的重要影响因素（Mariano 和 Villano，2012）。在农业机械风险管理效应的作用下，规避风险的农户则可能更倾向于购买生产性机械设备，尤其是中小型机械设备，如灌溉机械、小型耕种机械、植保机械和加工机械等，以应对生产过程中的风险和农产品收获后的市场价格波动（Takeshima 等，2015）。纵然农业机械存在资产专用性和折旧贬值的风险，但在满足预算约束的条件下，农户的价值评估和前景收益参照点会更多地关注在农业生产的预期收益上，从而使农户因风险规避而对农业机械的确定性、农业获得收益表现出更高的预期。因此，本书认为农户的风险偏好会表现出典型的风险规避特征，农户的风险规避态度会促进农户投资购买农业生产机械而减少购买机械服务。

7.2　研究方法与数据说明

7.2.1　数据说明

本章所采用的数据来源于课题组对广西 10 亩以上适度规模经营水稻农户的田野调查数据。农户样本选取采用多级分层抽样策略，在第一阶段，根据广西各地级市水稻种植的历史生产数据，确定广西水稻种植相对集中的主要地级市作为调查地区，分别选取了南宁、贵港、玉林、钦州、柳州、桂林和北海 7 个地级市。在第二阶段，依据 2013～2016 年 7 个地级市内的各县水稻产量排序，在每个地级市排名前 5 名的水稻主产县中随机抽取 1～3 个县开展调查，共抽取了 15 个水稻主产县。在第三阶段，从每个县的水稻种植面积在前 5 名的乡镇中随机抽取 3 个乡镇，从每个乡镇的适度规模经营水稻农户数据库中随机选出 12 个种植面积在 10 亩以上的适度规模种植水稻农户。根据分层抽样，共随机抽样了 540 户适度规模经营水稻农户，但因部分农户没有顺利访问到或经营规模调整到 10 亩以下，最后成功调查了 431 户适度规模经营水稻农户，有效调查访问应答率为 79.8%。

在农户调查中，农户对投资购买机械和购买机械服务的风险管理效应认知，采用 5 分李克特量表打分的方法进行测度。农户的风险规避态度，采用前面第 4 章中基于多元价格序列（MPL）彩票选择实验测度的农户风险规避系数表示。本章的农户风险管理效应认知是农户对农业生产机械风险管理效应的心理感知值，即农户从心理上认知到的投资购买机械和购买机械服务所具备的风险管理作用。基于已有研究，李克特量表打分的方法能较好地刻画农户的风险管理效应心理感知值（Sullivan - Wiley 和 Gianotti，2017）。在农户调查的过程中采用李克特 5 分量表详细询问农户对投资购买相应农业生产机械和购买第三方机械服务对于应对相关农业生产风险的看法和认知水平。1 ~ 5 分表示农户对相应的风险管理效应认可度逐渐增强，1 分表示农户认知的风险管理效应最小，5 分表示最大。

7.2.2 变量选取与模型设定

基于本章的研究假设和研究目的，参考郑旭媛和徐志刚（2017）的研究，本章的因变量分别选取农户水稻生产中单位面积的农业机械投资购买原值和单位面积购买第三方机械服务费用支出，分别定义为投资机械和购买服务两个因变量。结合前文中理论分析基础与研究假设，关键解释变量为生产风险和风险规避态度，生产风险采用 2013 ~ 2017 年农户水稻单产变异系数表示（Takeshima 和 Yamauchi，2012），风险规避态度采用基于 MPL 实验测度的风险规避系数表示（Brick 等，2012）。基于已有研究文献，农户的农业生产机械投资还可能与农户的个体家庭特征、土地禀赋条件、劳动工资和参与农民专业合作组织等因素相关（郑旭媛等，2017；方蕊，2020；郭如良等，2020），因而本章选取农户户主年龄、教育水平、家庭收入、非农就业、合作组织、基期规模、细碎化度、规模连片、劳动工资、借款能力和外来机收变量作为控制变量。各变量的变量名称、具体变量说明以及描述性统计分析如表 7 - 1 所示。

表 7 - 1　模型中各变量的描述性统计分析

变量类型	变量名称	变量说明	均值	方差
因变量	投资机械	农户购买且还在使用的生产机械原值（万元/公顷）	1.72	1.51
	购买服务	农户购买第三方机械服务费用（万元/公顷）	0.21	0.11
关键解释变量	生产风险	2013~2017 年农户水稻单产变异系数	0.10	0.04
	风险规避	基于 MPL 实验测度的农户风险规避系数	0.11	0.10
控制变量	基期规模	农户 2013 年水稻种植面积（公顷）	3.82	8.31
	户主年龄	户主的年龄（岁）	48.87	8.81
	教育水平	户主受教育的最高年限（年）	7.82	2.53
	家庭收入	家庭年综合收入（万元）	7.65	10.68
	非农就业	农户非农就业收入占家庭总收入比重	0.17	0.24
	合作组织	农民专业合作组织社员为 1，否则为 0	0.25	0.43
	细碎化度	每块稻田的面积，即总面积/总块数（公顷/块）	0.06	0.02
	规模连片	最大相邻连片面积与总水稻种植面积之比	0.36	0.21
	劳动工资	农户所在地水稻产业劳动力雇工工资（元/天）	104.2	9.64
	借款能力	农户自评在一周内筹款 5 万元的可能性	0.41	0.25
	外来机收	村外来机械收割服务面积与全部机收面积之比	0.62	0.11

本章将农户对农业生产机械的采用分为投资购买机械和购买第三方机械服务两种，纵然农户家庭生产经营过程中存在明显的机械替代手工劳动的趋势，但生产过程中仍然存在较多的手工劳动环节，农户投资购买机械与购买机械服务并不是简单的互补关系，两者存在多个相互影响和联系的影响因素。因而，采用单一的实证方程模型难以高效率地验证其间的因果关系，且很难解决模型中的内生性问题。同时将农户投资购买机械和购买机械服务视为内生变量，构建以下联立方程模型分析农户的机械采用行为：

$$MI = \alpha_0 + \alpha_1 MS + \alpha_2 PR + \alpha_3 AR + \alpha_i X_i + \varepsilon \qquad (7-1)$$

$$MS = \beta_0 + \beta_1 MI + \beta_2 PR + \beta_3 AR + \beta_i X_i + \theta \qquad (7-2)$$

其中，MI 和 MS 分别为农户投资购买机械和购买机械服务，PR 为农户开展水稻适度规模经营的生产风险，AR 为农户的风险规避态度，X_i 为控制变量，ε

和 θ 是服从独立同分布的随机误差项。

为了保证模型可识别，在控制变量中设置了两个前定变量，也可以称为工具变量，分别用农户的借贷能力和村庄外来机械收割比率表示。显然农户的借贷能力越强，说明其购买投资机械的能力越强，从而农户的借贷能力与农户投资购买机械相关而与农户是否购买第三方机械服务不直接相关；而村外来机械收割的比率越高，说明村里的农户获得第三方机械服务越容易，从而与农户购买机械服务相关而与农户是否直接投资购买日常生产机械不直接相关，满足前定变量的要求。

根据联立方程模型的阶条件和秩条件可知，联立方程模型的两个方程除了前置变量外，还能排斥多个作为外生变量的控制变量，即均有多个工具变量可用，固定模型均为过度识别，适合采用两阶段最小二乘法（2SLS）和三阶段最小二乘法（3SLS）进行实证估计。其中三阶段最小二乘法（3SLS）充分考虑了联立方程中各方程的内生性和扰动项之间可能存在的相关性问题，且相比单一方程的 2SLS 估计更有效率（陈强，2014）。通过对各解释变量进行 VIF 多重共线性检验，VIF 值均小于 3，表明解释变量之间不存在严重的多重共线性问题。在进行具体的模型估计时，采用两阶段最小二乘法（2SLS）和三阶段最小二乘法（3SLS）对联立方程组进行估计。

7.3　实证结果与分析

7.3.1　农户对农业生产机械的风险管理期待分析

表 7－2 列出了农户的生产风险与农户采用机械开展风险管理的策略。从结

果可知，大多数农户认为洪涝或干旱、市场风险和台风是广西水稻生产过程中的主要风险，其中83.5%的样本农户认为洪涝或干旱是主要的水稻生产风险，76.7%和72.8%的农户分别认为市场风险和台风是主要的水稻生产风险。另外，随着经营规模的扩大，收种不及时的风险加大，27.4%的样本农户认为在早晚稻抢收抢种的时期不能及时收种，因季节推迟导致产量下降的收种不及时也是主要的生产风险之一。从农户通过生产机械来应对相应的生产风险管理策略来看，通过购买水泵等给排水机械设备是应对洪涝或干旱的主要办法，投资烘干、仓储和加工机械设备是应对市场风险的重要策略，而如果自己拥有一定规模的耕种、植保和收割机械设备，将可以减少台风、病虫害和收种不及时的风险损失。可见，在劳动力不断向城市转移与劳动力工资不断上涨的背景下，农户通过机械替代劳动并投资购买机械装备也是农户应对主要生产风险的风险管理措施。

表7-2　农户的主要水稻生产风险与采用生产机械进行风险管理的策略

单位：%

风险类型	样本占比	农户访谈示例	对应风险管理策略
洪涝或干旱	83.5	"有几块流转的田，地势比较低，容易淹水""有几块田比较低，灌溉比较困难，容易干旱""有时连续强降雨或不下雨"	水泵、水管等灌溉机械，及时实施给排水
市场风险	76.7	"最怕价格不好，有时价格下跌有几毛钱一斤""有时好长时间都没人来收购""总体而言这两年价格有所下降，有时香稻价格还可以"	烘干、仓储、加工机械，避开低价收购期或延长产业链
台风	72.8	"最怕抽穗后打台风，容易出现倒伏""有时吹台风后病虫害也增加"	收割机械、植保机械，精细化收割和田间管理
病虫害	35.6	"主要是防止稻飞虱""今年出现一种像白叶枯病的虫害""基本上病虫害能控制住"	喷雾喷洒机等植保机械，及时高效实施植保
收种不及时	27.4	"有时外面的收割机来得太早，还有点青，也只能提前收割""有时候收割时老下大雨，没地方烘干""农忙时不好请工人，也不容易请到别人的机械来做工，自家有还是方便些"	播、种、收、烘干仓储等生产机械，减少人工不足和购买机械服务不及时的风险

风险类型	样本占比	农户访谈示例	对应风险管理策略
低温冷害	18.3	"这几年时常出现倒春寒""有时在刚插完秧就出现连续低温天气""扬花授粉期间出现连续的低温阴雨天气"	智慧农业机械,及时监控并提前应对

7.3.2 购买机械与购买服务的风险管理效应认知差异分析

结合农户的生产实际,农户对投资购买机械和购买机械服务两种机械采用方式分别在降低洪涝干旱、市场销售、台风灾害损失、病虫害、低温冷害、收种管(收割、耕种和田间管理)不及时、成本提高品质产量七个方面的风险存在不同的风险管理效应认知(见表7-3)。信度检验的结果显示,由7个生产风险类型组成风险管理认知量表的 α 信度系数为0.832,信度较好。

表7-3 农户对购买机械和购买机械服务的风险管理认知差异

风险管理认知	投资购买机械		购买机械服务	
	均值	方差	均值	方差
降低洪涝干旱风险	4.12***	0.83	2.95	0.94
降低市场销售风险	4.08***	1.14	3.31	1.01
降低台风灾害损失	3.22**	1.02	2.93	0.87
降低病虫害风险	3.73*	1.13	3.54	1.18
降低低温冷害风险	2.17	0.88	2.18	0.86
降低收种管不及时风险	4.01***	0.81	2.14	0.91
降低成本提高品质产量	3.83***	1.11	3.01	1.09

注:***、**、*分别表示在1%、5%和10%的显著水平上显著。

从表7-3的认知结果和t检验可以看出,农户认知的农业机械风险管理效应在自己投资购买机械和购买机械服务两个类别上存在显著差异,农户认为自己投资购买机械能获得更好的风险管理效应。具体而言,农户认为投资购买机械在降低洪涝干旱、市场销售、收种管不及时3个风险类别上的风险管理效应最高，风险管理认知打分的均值大于4；在降低台风灾害损失、病虫害、成本提高品质产量具有比较强的风险管理效应，均值介于3～4；而在降低低温冷害的风险管理效应最低，风险管理认知的均值小于3。以上结果表明，纵然不同的农业机械设备所带来的风险管理效应存在一定差异，但农户从心理感知上认为投资购买机械设备具备更好的风险管理效应。

7.3.3　农户投资农业生产机械的内在风险管理动机

为了比较不同估计方法的估计结果并进行稳健性检验，表7-4和表7-5同时显示了农户投资购买机械和购买机械服务的2SLS、3SLS和迭代式3SLS的联立方程估计结果。可以看出，三种估计方法的模型估计结果基本一致，且3SLS和迭代式3SLS的估计结果的显著性和拟合优度略高，这表明联立方程模型估计结果比较稳健。以下基于3SLS估计结果分析农户投资购买机械、购买机械服务与各变量之间的因果关系。

表7-4　农户投资购买机械的实证模型估计结果

变量	2SLS 模型		3SLS 模型		迭代式 3SLS 模型	
	系数	标准误	系数	标准误	系数	标准误
生产风险	5.130 ***	1.513	5.128 ***	1.490	5.128 ***	1.495
风险规避	4.691 ***	0.575	4.854 ***	0.563	4.856 ***	0.565
基期规模	-0.018 *	0.010	-0.019 *	0.011	-0.017 *	0.010
户主年龄	-0.002	0.007	-0.002	0.007	-0.002	0.007
教育水平	0.065 **	0.031	0.071 **	0.030	0.071 **	0.031
家庭收入	0.008	0.009	0.008	0.009	0.008	0.009
非农就业	-0.202	0.241	-0.202	0.237	-0.202	0.238
合作组织	-0.407 ***	0.136	-0.423 ***	0.134	-0.423 ***	0.135
细碎化度	4.998 *	3.001	4.647	3.002	4.642	3.013
规模连片	0.945 ***	0.331	0.989 ***	0.324	0.989 ***	0.326

续表

变量	2SLS 模型		3SLS 模型		迭代式 3SLS 模型	
	系数	标准误	系数	标准误	系数	标准误
劳动工资	0.029***	0.006	0.031***	0.006	0.031***	0.006
借款能力	1.093***	0.254	0.652***	0.182	0.645***	0.180
R^2	0.37		0.37		0.37	
Chi²	—	—	249.2***	0.00	247.3***	0.00
F - Stat	20.64***	0.00	—	—	—	—

注：***、**和*分别在表示1%、5%和10%的显著水平上显著。

表7-5　农户购买机械服务的实证模型估计结果

变量	2SLS 模型		3SLS 模型		迭代式 3SLS 模型	
	系数	标准误	系数	标准误	系数	标准误
生产风险	-0.775***	0.112	-0.774***	0.109	-0.774***	0.109
风险规避	-0.287***	0.041	-0.287***	0.041	-0.287***	0.041
基期规模	-0.001	0.001	-0.001	0.001	-0.001	0.001
户主年龄	0.001	0.000	0.001	0.000	0.001	0.000
教育水平	0.007***	0.002	0.007***	0.002	0.007***	0.002
家庭收入	0.002	0.006	0.002*	0.001	0.002*	0.001
非农就业	0.062***	0.018	0.062***	0.017	0.062***	0.017
合作组织	0.013	0.010	0.013	0.010	0.013	0.010
细碎化度	-0.145	0.222	-0.145	0.218	-0.145	0.218
规模连片	0.034	0.024	0.034	0.024	0.034	0.024
劳动工资	-0.002***	0.000	-0.002***	0.000	-0.002***	0.000
外来机收	0.332***	0.043	0.335***	0.031	0.334***	0.030
R^2	0.41		0.41		0.41	
Chi²	—	—	354.5***	0.000	357.1***	0.000
F - Stat	24.04***	0.000	—	—	—	—

注：***、**和*分别表示在1%、5%和10%的显著水平上显著。

从3SLS估计结果可知，农户的水稻生产风险和风险规避态度分别对农户投资购买机械和购买机械服务存在显著影响，其中对农户投资机械的影响为正，对购买机械服务的影响为负，且均在1%显著水平上显著（见表7-4和表7-5）。
这表明农户的生产风险和风险规避态度并没有降低农户投资机械的水平，反而增
加了农户投资购买机械的强度。进一步结合前期的农户田野调查发现，农户即使
在水稻收割环节购买大型机械服务的比例很高，但在日常的生产环节农户投资中
小型机械设备的积极性却很强。长期以来农户相对规避的风险态度在"求人不如
求己""自己家里有更方便"等传统思想的影响下，使得规避风险并面临频繁生
产风险的农户对生产机械投资表现出了更高的意愿。另外，由于广西的市场经济
和基础设施条件不够完善，农忙季节往往机械服务的供给相对不足，服务价格相
对较高，无法充分满足不同经营规模农户在水稻生产各环节的机械服务需求，促
使更加规避风险的农户在资金允许的范围内投资购买适宜的生产机械，而不是等
待购买机械服务，从而规避可能的生产风险和市场风险。本章研究结论与已有相
关研究存在一致之处并可以彼此相互印证。如罗锡文等（2016）的研究表明，农
机与农艺的精准结合可以进一步促进农业可持续发展，而与精准农业技术相对应
的农业机械设备则是农户自身农机投资的主要方向，这些机械设备是农户防控农
业生产风险的重要举措。Cotty等（2018）、Menapace等（2016）的研究表明，
发展中国家农户的风险偏好总是表现出风险规避的特征。Takeshima和Yamauchi
（2012）研究发现，在资金约束得到缓解的条件下农户的风险规避态度与生产机
械投资存在显著的正相关关系，孙顶强等（2019）的研究表明规避风险的农户倾
向于减少农业机械服务外包。

从其他影响农户投资购买机械和购买机械服务的影响因素来看，农户的基期
经营规模对农户机械投资的影响在10%显著水平上显著但影响系数较小（见表
7-4），而对农户购买第三方机械服务的影响不显著（见表7-5），这可能是因
为随着农户经营规模的增大，农户已投资的机械设备在单位面积的平均价值下
降，从而对农户机械投资表现出了微弱的负向影响关系。农户的教育水平对农户
投资购买机械和购买机械服务均影响显著，这说明教育能促进农户更加理性的决

策。农户的收入对农户机械投资影响不显著而对购买机械服务在10%显著水平上显著，且非农就业对农户购买机械服务的显著性更强，可能的原因是家庭收入来源的多元化导致收入高的农户并不一定是种粮多的农户，表明非农就业及农户兼业会促进农户购买社会化农业机械服务。农户参加农民专业合作组织对农户机械投资的影响显著为负，而对农户购买机械服务的影响不显著，这表明农民专业合作组织在一定程度上减少了农户的机械投资，促进了合作社内的共同机械投资和机械使用共享，因而农户家庭范围内的机械投资下降，且农户购买第三方机械服务也没有显著增加。农户经营规模连片的土地显著增加了农户的机械投资水平，而土地细碎化并没有显著抑制农户购买机械，这表明土地的规模连片经营更加重要，农户的土地虽然细碎，但在现有科技条件下，农户即使不铲除田埂也能较易实现小块并大块的生产管理，当然农户平均单块土地的面积越大，其投资购买机械的积极性越高。当地农业劳动力工资与农户机械投资联系紧密，工资越高的地方农户机械投资的水平越高，这说明劳动力工资的上涨显著促进了机械对农业劳动力的替代。借款能力和外来机收比率分别对农户投资机械和购买机械服务的影响显著，这进一步证实了农户的借贷能力与资金约束是农户投资购买机械的重要先决条件，反之则随着第三方机械服务供给的增加而购买更多的机械服务。以上研究结论与已有相关研究存在一致之处，如良好的土地条件、农户专业化水平提高和劳动力工资上涨促进了农户对农业生产机械的投资运用（蔡键等，2017；Wang，2016；徐志刚等，2016）。

7.3.4 风险与风险偏好对不同规模农户农业机械投资的影响差异

上述研究结论和已有研究表明，农户的土地经营规模对农户的生产机械投资存在一定的影响，从而不同经营规模农户的生产机械投资差异是需要进一步探讨的问题。为分析农户的生产风险和风险规避态度在不同经营规模农户中的影响差异，以2017年农户土地经营规模是否达到3.33公顷（50亩）作为适度规模经营的分界点,分别采用 3SLS 模型估计 3.33 公顷以下(中小规模)和 3.33 公顷以上(较大规模)样本农户的生产机械投资和机械服务购买行为。

无论是在中小规模还是较大规模的农户样本组,生产风险和风险规避态度均对农户的机械投资和购买机械服务存在显著影响,总体的显著性和影响方向与总样本的回归估计结果一致(见表 7-6),这也进一步表明本章研究结果的稳健性。然而,表 7-6 的回归结果也呈现出生产风险和风险规避态度对不同规模农户的生产机械投资的影响差异。对于生产风险的影响而言,生产风险对中小规模农户投资购买生产机械的影响仅在 10% 显著水平上显著,而对于较大规模农户则在 1% 显著水平上显著,且回归系数也更大;风险规避态度对两组不同规模农户投资购买机械的影响均在 1% 显著水平显著,但中小规模农户的回归系数远远大于较大规模的农户。这种差异化的影响表明中小规模农户的风险规避态度对其投资购买机械设备的影响更加强烈,而生产风险对其投资购买机械的影响偏弱。对于较大规模的农户而言,生产风险对农户的生产经营利润影响较大,较大规模农户出于防范风险和应对风险的考虑,可能对农业生产机械投资更加理性,从而导致风险规避态度的影响系数小于中小规模的农户。在购买第三方机械服务方面,生产风险和风险规避态度的影响在中小规模和较大规模的农户样本组之间的差异较小,这也进一步说明农户的风险态度具有相似的风险规避特征以及生产风险不能通过购买第三方机械服务得到有效缓解,而投资购买机械设备是有效缓解生产风险的措施之一。

表 7-6 农户投资机械和购买机械服务的分组回归估计结果(3SLS)

变量	中小规模 (<3.33 公顷)				较大规模 (≥3.33 公顷)			
	投资购买机械		购买机械服务		投资购买机械		购买机械服务	
	系数	标准误	系数	标准误	系数	标准误	系数	标准误
生产风险	3.250 *	1.970	− 0.829 ***	0.141	6.954 ***	2.134	− 0.739 ***	0.166
风险规避	5.851 ***	0.747	− 0.291 ***	0.050	3.916 ***	0.834	− 0.279 ***	0.064

续表

变量	中小规模（<3.33公顷）				较大规模（≥3.33公顷）			
	投资购买机械		购买机械服务		投资购买机械		购买机械服务	
	系数	标准误	系数	标准误	系数	标准误	系数	标准误
控制变量	已控制		已控制		已控制		已控制	
R^2	0.44		0.46		0.33		0.36	
Chi^2	170.8***	0.00	207.3***	0.00	104.5***	0.00	163.2***	0.00
样本数量	213		213		218		218	

注：***、**和*分别表示在1%、5%和10%的显著水平上显著。

为进一步验证以上研究结果的稳健性，采用农户年均自有机械耕种面积和第三方机械服务耕种面积替换因变量，重新估计分析。估计的各模型回归结果表明，生产风险和风险规避态度核心解释变量的显著性和符号并没有发生明显变化，证明了实证估计结果的稳健性和可靠性。

在内生性问题控制方面，已有的研究通常将农户投资购买机械或者购买机械服务视为独立的外生变量，没有充分考虑农户投资机械与购买服务之间可能存在的内生性问题。而实际上农户投资机械设备与购买机械服务之间存在较高程度的反向因果关系，即投资生产机械较大的农户购买机械服务则较少，加上其他不可观测的遗漏变量的影响，不可避免导致内生性问题的出现。在本章的实证分析过程中，通过构建联立方程模型，在一定程度上缓解了内生性问题对实证估计结果的影响。

7.4　研究结论与政策启示

7.4.1　研究结论

研究表明，农业生产机械具有显著的风险管理效应，农业机械已成为适度规模水稻农户的重要风险管理工具，生产风险与风险规避态度是农户投资购买农业生产机械的重要驱动因素。相对于购买机械服务而言，农户对投资购买机械设备的内在风险管理期望较高，农户从心理感知层面认为投资购买机械具有更强的风险管理效应，生产风险与风险规避态度增强了农户投资购买机械设备的意愿，抑制了农户对第三方农业机械服务的采用。不同规模农户的分组结果表明，生产风险和风险规避态度的影响仍然显著，但生产风险对 3.33 公顷以上较大规模的农户投资机械的影响更强，而风险规避态度则对 3.33 公顷以下中小规模农户的影响更大。这进一步证实了农业机械对适度规模经营农户的风险管理作用，也意味着小农户对农业机械投资的非完全理性行为。由此可见，不同经营规模的农户在风险环境下均有着较强的农业机械购买动机，在满足投资机械的预算约束条件下，农户仍然会投资购买与其经营规模相匹配的农业生产机械，而不是优先采用社会化的农业机械服务，社会化的农业机械服务供给不能替代农户对农业生产机械的投资。

本章的研究结论对于乡村振兴与现代农业发展过程中推进小农户与现代农业的有机衔接，促进小农户更高效地使用现代农业机械具有重要的指导意义。本章的不足之处在于，受研究区域样本限制，研究无法开展全国各农业主产区层面的大样本数据分析。后续研究将根据全国各农业主产区的农业机械普及应用情况，从不同区域和不同作物类型开展农户调查和行为实验，获取更全面的农户调查数据进一步检验风险与风险规避态度对农户农业机械采用的影响。

7.4.2　政策启示

基于以上研究结论，本章的政策启示如下：

第一，进一步鼓励和支持适度规模经营农户的农业生产机械投资，以提高农户农业生产的机械化水平和防灾减灾能力。促进和提高适度规模经营农户对生产机械的投资是提高农业机械化水平、实现小农户与现代农业有机衔接的重要手段，也是现代农业发展的必经之路。基于农业生产机械的显著风险管理效应，应进一步完善农业生产机械购置补贴政策，鼓励和支持适度规模经营农户进行生产机械投资并通过农业机械进行农业风险管理。强化对符合区域土地特征的中小型农业生产机械及精准农业机械的研发和运用，提高适度规模经营农户在农业生产各环节的农业生产机械购置能力和应用水平。

第二，引导不同经营规模的农户科学投资农业生产机械并建立全面风险管理体系。充分理解和认识农业生产风险和农户风险规避态度对不同经营规模农户生产机械投资的差异化影响，在支持适度规模经营农户提高农业机械投资水平的同时，帮助其通过农村金融、农业保险、订单农业与一体化组织合作等风险管理策略开展全面风险管理，提高适度规模经营农户的风险认知水平和风险管理能力。适度缓解微小规模农户的风险规避态度，引导小微农户科学投资适宜的农业机械并提高生产机械的综合利用效率，降低小农户投资中大型生产机械的资产专用性风险。

第三，进一步推动农村土地制度改革和新型农业经营主体发展，为更高水平的机械化生产提供良好的土地经营条件和经营主体条件。土地经营的规模连片一方面可以克服现有产权制度下的土地细脆化问题，另一方面也是农户投资运用现代大型生产机械的重要前提。进一步推动农村土地制度改革，有序引导土地流转，能为农户现代农业生产机械的投资和机械化水平的提高提供有力保障。另外，对于农户资金约束不能有效缓解、综合使用率不高、资产专用性较强的中大型农业机械的投资，应鼓励农户购买社会化机械服务，或者开展横向组织合作在合作组织内联合投资生产机械设备。

7.5　本章小结

农业机械化与完善的农业风险管理是现代农业发展的重要标志，也是实施乡村振兴战略的重要内容。本章基于效用最大化理论和前景理论，利用广西适度规模经营水稻农户的调查数据，采用联立方程模型和三阶段最小二乘法（3SLS）估计方法，分析生产风险、风险规避对农户生产机械投资的影响，探讨其作用机制，并从农户投资购买机械与购买机械服务两个方面解析了农户生产机械投资的风险管理效应，探究了农户在风险和风险规避偏好影响下的农业生产机械投资行为。

研究结果表明，洪涝、干旱、台风和市场风险是广西水稻生产过程中的主要风险，农业机械是农户应对风险的主要措施。农户对投资购买机械相比购买机械服务具有更强的风险管理效应认知，农业生产风险与农户的风险规避态度促进了农户投资购买生产机械，抑制了农户对第三方农业机械服务的采用。但这种影响在不同经营规模农户中存在一定差异，生产风险对较大规模农户投资购买机械影响更强，风险规避则对中小规模农户的影响更大。另外，土地规模连片、农民专业合作组织、农业劳动力工资等也对农户投资购买机械或购买机械服务存在显著影响。据此，在本章结论的基础上得出应鼓励并支持适度规模经营农户的生产机械投资、引导小农户科学投资农业生产机械、建立全面农业风险管理等政策启示。

第8章　风险与风险偏好约束下的
农户风险策略选择行为

为了避免和减缓适度规模经营农户生产过程中的风险冲击，防止农户在遭受风险损失后陷入困境，科学有效的农业风险管理策略措施是适度规模经营农户应对灾害风险并实现规模经营收益的重要保障。因此，深入理解适度规模经营农户风险管理策略选择的决定因素，研究分析适度规模经营农户风险管理策略低效的原因，改进和完善适度规模经营农户的风险管理策略体系，是进一步帮助农户实现适度规模经营、推进乡村振兴战略所急需解决的关键问题。规模经营风险与农户的风险偏好是影响农户规模经营生产投资行为差异的重要原因。为了深入理解适度规模经营农户的风险管理策略行为，增强适度规模经营农户的风险管理能力，完善农业风险管理体系以保障乡村产业振兴，本章将在前文研究的基础上，进一步分析风险和风险偏好影响下的适度规模经营农户的风险管理策略差异，以期进一步解析风险偏好差异对农户生产投资行为的影响机理。

8.1 理论基础与研究假设

前文研究表明，农户的风险偏好在特定的生产环境下也会表现出一定的差异，在一系列自然因素和经济因素综合作用的农业生产投资过程中，农户的风险偏好与规模经营生产投资行为之间也表现出了一定的作用关系。适度规模经营农户生产过程中面临的风险是多样的，为了缓解各种生产风险带来的冲击，农户在长期的生产实践中形成了多样化生产、消费平滑、减少投资、非农就业等"自我保险"式的风险管理应对策略（陈传波，2007），但这些风险应对策略往往因农户而异，风险管理的效果也存在较大差异。在农户风险环境下采取什么样的风险应对策略，一方面，取决于农户对未来风险大小的综合评估，即风险感知的大小，农户感知的风险越大，采取风险应对策略的强度就越大（Van Winsen 等，2016）。另一方面，农户的风险态度或风险偏好也是影响农户风险策略选择的重要决定因素（Weber 等，2002），风险偏好代表着农户的冒险行为或者风险规避行为的强弱，农户风险偏好的差异也会导致农户不同的风险行为和风险应对策略（Lusk 和 Coble，2005；Menapace 等，2013；黄季焜等，2008；陈新建等，2015）。即使我们能通过一定的方法和手段来评估风险的大小，但不同农户对风险的感知和态度也会不同，进而农户所采取的风险应对策略也会各异。

农户认知到的农业风险大小首先来自农户的风险感知，本章将用农户的风险感知来代表风险的大小。风险感知是指农户对农业生产过程中的自然灾害、市场价格、严重病虫害等生产风险的风险特征及灾损性的主观判断与认知，是从 Bauer（1960）提出的心理学感知风险概念逐渐延伸出来的。风险感知是农户对风险的一种心理信念和担忧，无论是气候变化、自然灾害还是市场风险，农户在信息获取不足的条件下，则只能通过自己对风险的感知来识别和判断各种风险大小（谷政等，2015），如农户发现气温上升、降雨减少，就会认知和担忧干旱风险的发生并促使自己展开必要的抗旱措施（李偉龙等，2015）。农户的风险感知水平与农户自身的认知能力相关，如农户获得的技术培训、自身的生产经验与文化水平等均会影响农户的风险感知水平（江激宇等，2016）。在同样风险环境下，农户不同的风险感知水平会形成农户风险承担能力的差异和不同的风险应对策略（叶明华等，2014），如农户认知到风险在自己的承受范围之内就不愿意购买农业保险（刘飞等，2016）。农户对风险的认知和担忧越强，则开展与之对应的风险应对措施的意愿就可能越强，而如果农户认为风险较小或者不会对自己带来灾损，则不会采取相应措施（Arbuckle等，2013）。

另外，因在实际农业生产中农户往往无法准确判断风险发生的客观概率，农户对待风险的敏感程度不同，即风险偏好的差异，就可能导致农户不同的风险决策。随着前景理论和行为经济学的发展，学者可以通过实验的方法测度农户的风险偏好（Harrison，2005），并且越来越意识到风险偏好对农户生产决策的重要影响。国内外已有的研究表明，不同类型的个体其风险偏好会表现出异质性和多元性的特征（周业安等，2012），纵然农户的风险偏好总体呈现风险规避的特征，但是农户之间的风险规避态度仍然存在较大差异。农户异质性的风险规避态度是导致农户不同的生产行为和风险管理策略的重要原因，如在一定的环境风险影响下，风险规避态度会影响农户的作物多样化决策（Bezabih和Sarr，2012）、对新技术采用意愿下降但对农业保险的需求增加（Jianjun等，2015）。基于农户的风险感知和风险偏好的影响和差异化作用，农户的风险管理策略就可能出现不同的选择，并可能形在一定的规律，如农户风险偏好的不同与农户事前事后风险策略的选择有关（Van Winsen等，2016）。

已有的国内外研究文献表明，农户的风险感知和风险偏好会各自影响农户的生产决策行为和风险管理策略，而对于适度规模经营农户而言，风险感知和风险偏好如何作用适度规模经营农户的风险策略选择，如何让适度规模经营农户更科学地选择风险策略以提升风险管理水平，相关研究还不多见。适度规模经营农户的风险感知和风险偏好不可避免地存在相互作用的关系，风险感知、风险偏好与风险应对策略之间可能存在较强的交互效应，而已有的研究中对此涉及较少，相关研究到目前为止还比较缺乏。农户的风险感知和风险偏好是影响农户风险管理策略选择的重要心理因素，已有国内外研究均证明农户风险感知和风险偏好的差异是农户不同生产决策和差异化风险管理行为的重要原因，农户风险感知、风险偏好与风险管理策略之间存在显著的密切关系。据此，提出假设：风险越大，农户的感知风险就越大，农户越希望采取风险管理策略来降低风险损失以提高农业产出收益；农户的风险规避态度会影响农户的风险策略选择，偏好风险的农户和规避风险的农户会采取不同的风险管理策略。

8.2　风险与风险偏好影响下的农户风险管理策略差异

因实际农业生产中农户对感知的风险往往无法准确判断风险发生的客观概率，农户对待风险的敏感程度不同，即风险偏好的差异，就可能导致农户不同的风险管理策略决策。农户的风险偏好就是农户对风险的一种主观心理态度，通常可简单划分为偏好风险、规避风险和风险中性。本书前几章的研究表明，纵然农户的风险偏好总体呈现风险规避的特征，但是农户之间的风险规避态度仍然存在较大差异。农户异质性的风险规避态度是导致农户不同的生产行为和风险管理策略的重要原因。基于农户的风险感知和风险偏好的影响和差异化作用，农户的风险管理策略就可能出现不同的选择，并可能形成一定的规律，如农户风险偏好的不同与农户事前事后风险策略的选择有关（Van Winsen 等，2016）。

为更直观简洁地分析不同风险偏好影响下的农户风险管理策略选择差异，参照本书第 3 章所列举的农户对规模经营风险的风险规避策略进行简化分析。基于表 3 - 5 至表 3 - 8 所分析的农户在生产环节中和生产环节外的各项风险规避策略，提炼出适度规模经营农户普遍采用的 6 种主要风险应对策略，研究分析不同风险规避态度农户的风险策略选择差异。具体包括生产环节中的多样化经营策略、技术采用策略、外部分担策略 3 种生产中的事前风险管理策略以及消费平滑、非农就业、资金借贷 3 种生产环节外的事后风险管理策略，各项风险管理策略的具体描述和定义以及水稻和香蕉适度规模经营农户的 5 分量表得分如表 8 - 1 所示。

表 8 - 1   适度规模经营农户的主要风险管理策略

风险策略	风险策略描述	水稻农户		香蕉农户	
		均值	标准差	均值	标准差
多样经营	农业种养品种、类型等的生产多样化	4.24	0.75	4.31	0.79
技术采用	采用新的技术、品种和生产机械设备	4.12	0.86	4.09	0.95
外部分担	寻求农业保险、订单合约等外部分担	3.37	1.25	3.06	1.41
消费平滑	减少生产投资、平滑家庭消费支出	4.30	0.69	4.34	0.71
非农就业	外出务工或就地参加非农工作	3.87	1.08	3.88	1.25
资金借贷	必要时向亲戚朋友借款渡过难关	4.35	0.73	4.40	0.67

为进一步比较分析适度规模经营农户的风险管理策略选择是否在不同风险偏好水平的农户之间存在差异，根据农户的风险偏好差异，将农户的风险规避偏好分为高低两组进行分组比较和 t 检验。在分组比较的过程中，考虑到偏好风险的农户较少，大多数农户均是典型的风险规避特征，因而以农户的风险规避系数进行分组时，将风险规避系数小于 0.07（即风险偏好处于偏好风险至轻度风险厌

恶区间的风险偏好等级）的农户分为一组，定义为低风险规避组；将风险规避系数大于 0.07（即风险偏好处于风险厌恶至完全风险厌恶区间的风险偏好等级）的农户分为一组，定义为高风险规避组。均值比较的 t 检验结果如表 8 - 2 所示，从表 8 - 2 的结果可以看出，水稻农户和香蕉农户的六项主要的风险管理策略在风险偏好的高低分组比较中存在显著差异，且均在 1% 显著性水平上显著。

表 8 - 2　适度规模经营农户主要风险管理策略的方差分析结果

风险策略	水稻农户		香蕉农户	
	低风险规避	高风险规避	低风险规避	高风险规避
多样经营	4.58	4.12 **	4.67	4.01 ***
技术采用	4.47	3.88 ***	4.52	3.59 ***
外部分担	4.15	3.03 ***	3.67	2.51 ***
消费平滑	3.92	4.75 ***	4.02	4.67 ***
非农就业	3.11	4.34 ***	3.41	4.32 ***
资金借贷	3.87	4.59 ***	4.04	4.81 ***
观测数	148	283	122	118

注：＊＊＊、＊＊和＊分别表示在 1%、5% 和 10% 的显著性水平上显著。

表 8 - 2 的方差分析结果表明，风险管理策略选择在两组不同风险规避偏好水平的水稻农户和香蕉农户中均表现出了显著差异。在多样化种养、技术采用与外部分担三个事前风险管理策略中，低风险规避农户的风险管理策略得分均值要显著高于高风险规避的农户，这意味着风险规避系数越小（偏好风险）的农户越愿意积极主动地采用这些事前风险策略；而在消费平滑、非农就业和资金借贷等三个事后风险策略中，风险策略选择的得分均值正好相反，这意味着风险规避系数越大（风险规避）的农户在事前风险管理策略选择中越是不足，其往往悲观被动地选择事后风险管理方式应对风险损失。

8.3 风险与风险偏好对农户风险策略
选择影响的实证分析

8.3.1 变量选取与模型设定

基于本章的假设和前文研究结论，对农户风险偏好与风险策略选择行为进行实证分析的因变量，分别选取表 8 - 2 所定义提炼出的多样化经营策略、技术采用策略、外部分担策略、消费平滑策略、非农就业策略、资金借贷策略 6 种主要风险应对策略作为因变量。结合前文理论分析基础与研究假设，关键解释变量为农户的风险规避态度和风险感知。风险规避态度采用前文研究得到的基于 MPL 彩票选择实验测度的风险规避系数表示。为更直观简洁地给农户的风险感知赋值，参照本书第 3 章所列举的农户对规模经营风险的风险感知进行简化分析。基于表 3 - 1 和表 3 - 2 所分析的水稻农户和香蕉农户的各项风险感知，采用农户风险感知的低、中、高风险因子群的风险感知得分的均值求和综合表示适度规模经营农户的风险感知大小。

采用引入交互项的层级式多元回归方法，实证分析适度规模经营农户风险感知、风险偏好与风险管理策略之间的内在关系。具体分析模型如下：

$$S_{ij} = \alpha PR_i + \beta AR_i + \gamma PR_i \times AR_i + \delta \sum X_i + e_{ij} \qquad (8-1)$$

其中，S_{ij} 表示农户的风险管理策略，PR_i 表示农户的风险感知，AR_i 表示农户的风险偏好，X_i 表示影响农户风险策略选择的其他控制变量，引入户主性别、户主年龄、教育水平、家庭收入、地区变量作为控制变量。根据本书对广西 431 户水稻农户和 240 户香蕉农户的田野调查数据，回归模型中各变量的描述性统计分析如表 8 – 3 所示。为了将量表数据连续化、消除量纲的影响并避免加入交互项后带来的多重共线性问题，分别对因变量、自变量与控制变量做标准化处理。最后在回归分析的过程中，分别将六项风险管理策略（见表 8 – 1）作为被解释变量，并采用逐步加入控制变量、自变量和交互项的层级回归模型分别进行实证分析。

表 8 – 3　模型中各变量的描述性统计分析

变量	变量说明	水稻	香蕉
		均值（方差）	均值（方差）
风险感知	风险感知量表得分	10. 31 (2. 37)	10. 28 (2. 56)
风险偏好	风险规避系数区间均值	0. 11 (0. 10)	0. 06 (0. 10)
户主性别	1 = 男性，0 = 女性	0. 92 (0. 27)	0. 86 (0. 35)
户主年龄	25 岁以下 =1；26 ~ 35 岁 =2；36 ~ 45 岁 =3；46 ~ 55 岁 =4；56 岁及以上 =5	3. 83 (1. 01)	3. 79 (1. 05)
教育水平	农户户主的受教育年限（年）	7. 82 (2. 53)	8. 05 (2. 39)
家庭收入	家庭收入水平（千元）取自然对数	3. 87 (0. 91)	4. 83 (1. 51)
地区变量	平原地区 =1；非平原地区 =0	0. 64 (0. 48)	0. 41 (0. 49)

8.3.2　实证结果与分析

　　根据各组风险管理策略的回归估计结果，风险感知和风险偏好变量在交互项引入前后的各组回归结果中，其系数和显著性未发生根本性变化，为简化数据结果的图表陈列，仅列出加入了交互项的最后多元层级回归估计结果，如表 8 – 4 和表 8 – 5 所示。从水稻农户和香蕉农户的回归估计结果可以看出，无论是水稻农户还是香蕉农户，适度规模经营农户风险管理策略的回归模型的整体拟合效度均较好，模型的 F 值均在 99% 的显著性水平上显著。风险感知、风险偏好对农户风险管理策略影响显著，且表现出了较强的一致性特征。风险感知、风险偏好以及其他控制变量对贫困农户风险策略选择的影响分析如表 8 – 4 和表 8 – 5 所示。

表8-4 水稻农户风险管理策略选择的实证分析结果

自变量	事前风险策略类型			事后风险策略类型		
	多样经营	技术采用	外部分担	消费平滑	非农就业	资金借贷
风险感知	0.246***	0.258***	0.416***	0.232***	0.243***	0.140***
	(0.049)	(0.038)	(0.031)	(0.047)	(0.048)	(0.044)
风险偏好	-0.295***	-0.302***	-0.362***	0.481***	0.498***	0.493***
	(0.049)	(0.041)	(0.032)	(0.049)	(0.051)	(0.046)
偏好×感知	-0.214***	-0.144**	-0.132***	0.140***	0.149***	0.150***
	(0.044)	(0.036)	(0.028)	(0.044)	(0.045)	(0.041)
户主性别	0.032	0.038	0.038	-0.053	-0.065	-0.044
	(0.037)	(0.031)	(0.024)	(0.038)	(0.039)	(0.035)
户主年龄	-0.032	0.001	0.021	-0.025	-0.072	-0.032
	(0.342)	(0.031)	(0.024)	(0.037)	(0.038)	(0.035)
教育水平	0.342***	0.356***	0.248***	-0.328***	-0.401***	-0.367***
	(0.050)	(0.041)	(0.032)	(0.051)	(0.052)	(0.047)
家庭收入	0.086**	0.084**	0.072***	-0.093**	-0.082*	-0.055**
	(0.042)	(0.034)	(0.027)	(0.042)	(0.043)	(0.039)
地区变量	0.017	0.009	-0.013	0.021	0.007	0.012
	(0.037)	(0.031)	(0.024)	(0.037)	(0.038)	(0.035)
常数项	-0.076	-0.051	-0.046	0.049	0.053	0.053
	(0.040)	(0.033)	(0.026)	(0.041)	(0.042)	(0.038)
F-stat	38.81***	83.38***	163.15***	37.45***	32.72***	50.38***
N	431	431	431	431	431	431

注：***、**和*分别表示在1%、5%和10%的显著性水平上显著。

表8-5 香蕉农户风险管理策略选择的实证分析结果

自变量	事前风险策略类型			事后风险策略类型		
	多样经营	技术采用	外部分担	消费平滑	非农就业	资金借贷
风险感知	0.289***	0.406***	0.577***	0.212***	0.176**	0.093*
	(0.062)	(0.047)	(0.046)	(0.049)	(0.081)	(0.051)
风险偏好	-0.444***	-0.438***	-0.497***	0.688***	0.654***	0.781***
	(0.065)	(0.049)	(0.048)	(0.047)	(0.062)	(0.042)

续表

自变量	事前风险策略类型			事后风险策略类型		
	多样经营	技术采用	外部分担	消费平滑	非农就业	资金借贷
偏好×感知	-0.310***	-0.225***	-0.214***	0.244***	0.248**	0.252**
	(0.059)	(0.045)	(0.034)	(0.052)	(0.056)	(0.047)
户主性别	0.015	0.021	0.033	-0.063	-0.047	-0.027
	(0.052)	(0.039)	(0.030)	(0.045)	(0.049)	(0.042)
户主年龄	0.021	0.027	0.041	-0.050	-0.079	-0.053
	(0.043)	(0.033)	(0.025)	(0.038)	(0.051)	(0.035)
教育水平	0.304***	0.294***	0.161***	-0.135***	-0.221***	-0.266***
	(0.064)	(0.059)	(0.037)	(0.057)	(0.061)	(0.052)
家庭收入	0.131***	0.126***	0.113***	-0.134***	-0.115**	-0.095**
	(0.056)	(0.043)	(0.052)	(0.049)	(0.053)	(0.045)
地区变量	0.028	0.018	-0.006	0.012	-0.003	0.012
	(0.048)	(0.047)	(0.038)	(0.044)	(0.045)	(0.039)
常数项	-0.139	-0.125	-0.124	0.064	0.172	0.162
	(0.054)	(0.042)	(0.032)	(0.047)	(0.052)	(0.047)
F-stat	26.96***	70.62**	143.73***	23.03***	28.87***	51.52***
N	240	240	240	240	240	240

注：***、**和*分别表示在1%、5%和10%的显著性水平上显著。

风险感知对适度规模经营农户风险策略选择存在显著正向影响，且对农户的事前策略的边际效应更大。水稻农户和香蕉农户的回归估计结果均表明，在适度规模经营农户的 6 个风险管理策略选择的回归模型中，风险感知与农户风险管理策略之间表现出了强烈的正相关关系。除了在香蕉农户的资金借贷策略选择的回归结果中显著性降低之外，在其他 5 个风险策略的回归结果中均在 1% 和 5% 显著性水平上显著。这验证了本章提出的假设，即农户的风险感知越强，农户采用多种风险应对策略的意愿越强烈，且农户会根据对风险感知的大小积极采取事前风险应对策略。风险感知在外部分担策略的回归系数最大（0.416 和 0.577），在技术采用和多样化策略中次之，在消费平滑、非农就业和资金借贷中的回归系数较小。从风险感知在各风险策略回归模型中的系数来看，适度规模经营农户本质上有着强烈的外部风险分担意愿，对外部分担策略和技术采用策略的采用意愿较高，这也进一步表明风险感知对适度规模经营农户的事前风险管理有着更强的正向促进作用。而风险感知在资金借贷策略的回归结果中，回归系数变小，显著性下降，且在香蕉农户中表现得更为强烈。这可能的解释是适度规模经营农户对资金借贷的需求非常强烈，但资金借贷的供给渠道却非常有限，适度规模经营农户因社会资本不足往往无法及时获得足额的借贷资金来应对风险损失或缓解自己的资金约束。如开展适度规模经营的香蕉农户，香蕉产业的适度规模经营投资较大，亩均年投资就要数千元，基于农户亲友网和农村小额信贷的农村资金借贷市场无法满足规模经营农户的资金借贷需求。

风险规避程度较低的农户更愿意开展事前风险管理。风险偏好对适度规模经营农户风险管理策略选择存在显著差异性影响。风险偏好的回归系数在多样化经营、技术采用与外部分担三个事前风险策略回归模型中的回归系数为负，意味着风险规避系数越小（偏好风险）的农户越愿意积极主动地采用这些事前风险策略；而风险偏好的回归系数在消费平滑、非农就业和资金借贷三个事后风险策略回归结果中为正，且回归系数更大，这意味着风险规避系数越大（风险规避）的适度规模经营农户在事前风险管理策略选择中越是不足，其往往悲观被动地选择事后风险管理方式应对风险损失。以上结论尤其是关于多样化策略，似乎与常理相悖（长期以来学术界普遍认为农户为了规避风险才会选择多样化生产），而实际与现实相符（本书的田野调查表明，无论是小微农户还是适度规模经营农户，都存在较为普遍的多样化种植现象）。这可解释为：风险规避程度低即在一定程度上敢于冒险的适度规模经营农户，更愿意承担风险并开展更多的农业经营活动，从而农户有更大的必要性采取风险措施使自己免于遭受风险损失；另外，适度规模经营农户通常在管理一个风险的同时也可能遭遇其他新的风险，如采取多元化策略和技术采用策略的同时也带来了新的技术风险和市场风险，购买农业保险的同时也可能增加成本风险等，因而农户为了平衡总的风险，风险规避程度低且已经采取一定策略的农户会进一步采取更多的风险措施以同时管理其他风险（De Mey 等，2014），而风险规避程度高的农户则更加悲观和规避风险，不愿意承担风险也不愿意增加风险管理投入。再如多样化经营的农户，不同风险偏好的农户均存在"东方不亮西方亮"的预期，但也存在"东方西方都不亮"的担忧，因而偏好风险的农户也可能开展更多的多样化经营。以上研究结论与 Hellerstein 等（2013）、Van Winsen 等（2016）的研究存在相同之处，Hellerstein 等的研究表明风险规避的农户反而多样化经营水平较低且不愿意采用合约生产，Van Winsen 等的研究也表明风险规避态度导致了农户风险策略选择的差异。

风险感知和风险偏好对适度规模经营农户风险策略选择存在显著交互影响。从表 8 - 4 和表 8 - 5 中适度规模经营农户风险感知和风险偏好的交互效应来看，风险感知和风险偏好的交互效应对农户选择多样化、技术采用和外部分担等事前风险管理策略的影响为负，即风险偏好对风险感知与农户事前风险管理策略之间的作用关系起着负向调节作用；而对于适度规模经营农户的消费平滑、非农就业和资金借贷等事后风险管理策略的交互效应影响则为正，即风险偏好对风险感知与农户事后风险管理策略之间的作用关系起着正向调节作用。

教育水平、家庭收入等控制变量对适度规模经营农户风险策略选择的影响显著。适度规模经营农户的教育水平、家庭收入等个人特征变量对其不同的风险应对策略选择有着显著影响，而适度规模经营户主性别、户主年龄和地区变量对风险管理策略选择的影响不显著。教育水平高和家庭收入高的适度规模经营农户越倾向于选择多样化、技术采用与外部分担等事前风险策略来管理风险，而教育水平低和家庭收入低的适度规模经营农户则往往被动选择消费平滑、非农就业和资金借贷等风险策略来应对风险损失。

8.3.3　稳健性检验

为了进一步检验风险感知和风险偏好对适度规模经营农户风险管理策略选择

的差异化影响，并进一步验证前文实证结果的稳健性，以被调查水稻和香蕉农户的适度经营规模是否达到 50 亩进行分组，进一步对适度经营规模的水稻农户和香蕉农户进行分组回归估计。水稻农户和香蕉农户中经营规模在 50 亩以上的农户分别为 218 户和 106 户，其分组回归的估计结果如表 8-6 和表 8-7 所示。

表 8-6　不同规模水稻农户的分组回归估计结果

自变量	事前风险策略类型			事后风险策略类型		
	多样经营	技术采用	外部分担	消费平滑	非农就业	资金借贷
50 亩以上：N = 218						
风险感知	0.254 *** (0.071)	0.312 *** (0.064)	0.471 *** (0.055)	0.254 ** (0.102)	0.284 *** (0.068)	0.301 *** (0.105)
风险偏好	-0.321 *** (0.066)	-0.316 *** (0.065)	-0.341 *** (0.051)	0.492 *** (0.102)	0.514 *** (0.078)	0.497 *** (0.114)
偏好 × 感知	0.143 (0.095)	0.062 * (0.036)	-0.107 * (0.063)	0.084 (0.064)	0.095 * (0.056)	0.071 (0.066)
50 亩以下：N = 213						
风险感知	0.132 ** (0.061)	0.198 *** (0.052)	0.319 *** (0.042)	0.145 * (0.083)	0.097 * (0.056)	0.042 (0.037)
风险偏好	-0.213 ** (0.105)	-0.264 *** (0.043)	-0.277 *** (0.094)	0.435 *** (0.073)	0.469 *** (0.052)	0.448 ** (0.205)
偏好 × 感知	-0.258 *** (0.064)	-0.126 ** (0.061)	-0.133 ** (0.063)	0.189 ** (0.091)	0.131 ** (0.065)	0.147 ** (0.071)

注：括号内为标准误；* 、* * 和 * * * 分别表示在 10% 、5% 和 1% 的显著性水平上显著，其他控制变量回归结果未列出。

表 8-7　不同规模香蕉农户的分组回归估计结果

自变量	事前风险策略类型			事后风险策略类型		
	多样经营	技术采用	外部分担	消费平滑	非农就业	资金借贷
50 亩以上：N = 106						
风险感知	0.310 *** (0.075)	0.421 *** (0.064)	0.607 *** (0.086)	0.351 *** (0.057)	0.201 *** (0.071)	0.097 * (0.054)

续表

自变量	事前风险策略类型			事后风险策略类型		
	多样经营	技术采用	外部分担	消费平滑	非农就业	资金借贷
风险偏好	-0.464***	-0.457***	-0.511***	0.707***	0.686***	0.803***
	(0.081)	(0.055)	(0.074)	(0.087)	(0.075)	(0.092)
偏好×感知	-0.210*	-0.105**	-0.144*	0.141	0.157	0.182**
	(0.109)	(0.053)	(0.084)	(0.095)	(0.108)	(0.089)
50 亩以下：N = 134						
风险感知	0.153**	0.256***	0.384***	0.237**	0.104*	0.081*
	(0.073)	(0.079)	(0.085)	(0.118)	(0.056)	(0.044)
风险偏好	-0.325***	-0.371***	-0.391***	0.324***	0.411***	0.515**
	(0.108)	(0.069)	(0.086)	(0.088)	(0.091)	(0.259)
偏好×感知	-0.347***	-0.318***	-0.303***	0.174**	0.202**	0.231***
	(0.064)	(0.069)	(0.084)	(0.077)	(0.097)	(0.074)

注：括号内为标准误；*、**和***分别表示在10%、5%和1%的显著性水平上显著，其他控制变量回归结果未列出。

从表 8 - 6 和表 8 - 7 的回归结果可以看出，无论是水稻农户还是香蕉农户，风险感知、风险偏好在 50 亩以上和 50 亩以下的两组回归结果中均比较显著，系数和显著性与总样本的回归估计结果基本一致，这说明风险感知和风险偏好对适度规模经营农户的风险策略选择的主效应是稳健的，风险感知和风险偏好的差异导致了农户风险策略选择的显著差异。在对事后风险策略的影响中，风险感知和风险偏好对事后风险策略的影响在 50 亩以上规模农户中更加显著，这进一步表明较大规模的农户因面临更大的生产风险和市场风险，农户需要在事前和事后风险策略中均进行必要的安排。同时，风险感知对 50 亩以下农户的事后风险策略选择影响的显著性下降，系数进一步变小，这进一步说明小规模农户的事后风险管理策略的被动型特征，小农户在非农就业和资金借贷方面的资源不足。另外，交互效应在分组回归的结果中出现了较大差异，风险感知与风险偏好的交互项在 50 亩以上的适度规模经营农户样本组中的显著性下降，这说明在较大规模的样本组中，农户的风险偏好与风险感知对其风险策略选择的影响具有相对独立性，而对于小规模农户，风险偏好与风险感知却具有更强的相互作用关系。

8.4　结论与政策启示

　　本章选用广西适度规模经营的水稻农户和香蕉农户的田野调查数据，在构建基本理论模型分析的基础上，采用交互层级回归分析的方法，研究分析了适度规模经营农户的风险感知与风险偏好对其农业风险管理策略选择的影响和作用机制。得出如下研究结论：第一，无论是水稻农户还是香蕉农户，适度规模经营农户对农业生产活动中的风险所形成的风险感知和风险规避态度，均会显著影响农户的风险管理策略选择。第二，适度规模经营农户对农业生产过程中的风险感知越强，采用多种风险策略来应对风险的行为意愿越强，农户风险感知与多项风险策略之间具有显著正向作用关系，且对事前风险策略的影响更强。第三，基于大多数适度规模经营农户的风险规避偏好特征，风险偏好的差异会导致适度规模经营农户风险管理策略选择的差异，偏好风险或风险规避程度低的农户更倾向于选择多样化种养、技术采用和外部分担等事前风险管理策略，而风险规避程度高的农户则被动选择消费平滑、非农就业和资金借贷等事后风险管理策略的可能性越强。第四，适度规模经营农户的风险感知和风险偏好对其风险管理策略选择的影响存在显著的交互效应，交互效应进一步强化了适度规模经营农户风险偏好导致的风险管理策略差异。

　　本章为适度规模经营农户的风险管理及推进乡村振兴战略提供了实证支撑，基于以上研究结论，为进一步提升适度规模经营农户的风险管理水平，可得出以下政策启示：

第一，采取积极措施提升适度规模经营农户对风险的认知水平，可促进适度规模经营农户积极主动的管理风险。风险感知是适度规模经营农户开展风险管理并采取行之有效的风险策略的重要依据和内生动力，完善对适度规模经营农户的培训教育机会，增加适度规模经营农户的风险教育，帮助适度规模经营农户科学合理地理解农业生产过程中的各类风险及可采取的风险应对策略，让适度规模经营农户积极主动地管理风险。

第二，干预和缓解适度规模经营农户的风险规避态度，引导适度规模经营农户通过农业保险、订单合约、组织合作等策略开展事前风险管理。规避风险的适度规模经营农户出于对风险的规避偏好，对更具规模的农业生产投资和规模经营持风险规避的态度，对事前风险策略的管理投入和选择意愿不强。纵然农户的风险偏好不会轻易改变，但通过完善适度规模经营地区的灾害补偿和风险分担机制，改善农业保险服务、鼓励组织化合作和订单化生产，缓解适度规模经营农户的风险损失担忧，将有利于缓解适度规模经营农户的风险规避态度，提高适度规模经营农户开展事前风险管理的强度和积极性。

第三，整合多方农业支持资源，建立适度规模经营农户的全面风险管理体系。充分理解和认识适度规模经营农户的风险感知和风险偏好对其农业风险管理和参与规模经营及乡村振兴产业的重要决定作用，在西部民族地区的乡村振兴推进过程中，通过整合从中央到地方的各级部门的多方农业支持政策与资源，积极归纳总结适度规模经营农户生产过程中的各种风险类型和灾损特征，综合运用各种事前事后风险管理策略措施，对适度规模经营农户的农业生产风险进行全方位的整合管理，从而更好地实施各项农业支持政策、保障乡村振兴战略的稳步推进。

8.5 本章小结

本章基于广西适度规模经营水稻农户和香蕉农户的田野调查数据，在前文研究的基础上，进一步分析了风险和风险偏好影响下的适度规模经营农户的风险管理策略差异，进一步解析了风险感知和风险偏好差异对农户生产投资行为中的风险管理策略行为的影响机理。本章为深入理解适度规模经营农户的风险管理策略行为，增强适度规模经营农户的风险管理能力，完善农业风险管理体系以保障乡村产业振兴具有重要的实践意义。

基于对适度规模经营农户的风险感知、风险偏好与农业风险管理策略选择进行了实证研究。研究发现，无论是水稻农户还是香蕉农户，因风险环境下适度规模经营农户其强烈的风险规避态度，农户的风险感知和风险偏好对其风险管理策略选择均具有显著影响，农户感知的风险越强，采用各种风险策略应对风险的积极性越高。风险感知越强、风险规避程度越低，适度规模经营农户越倾向于采用更多的事前风险管理策略，而风险感知越弱、风险规避程度越高，农户则不得不采用事后策略被动应对风险。风险感知与风险偏好的交互效应进一步强化了适度规模经营农户风险管理策略选择的事前事后差异。基于以上结论，为了完善农业风险管理和实施乡村振兴，应采取积极措施提升农户的风险感知水平，干预和缓解农户的风险规避态度，建立适度规模经营农户的全面风险管理体系。

第9章 农户适度规模经营的风险管理政策体系构建

在更具规模的农业生产经营风险环境下，对于更具规模的农户农业生产投资，急需构建适合农户规模经营的全面风险管理政策体系，以保障农户的投资活动和规模经营的可持续性。农户现有的农业风险管理往往是被动的、低保障的风险管理，农业保险等正规风险管理缺失或不足。另外，长期以来农业风险管理政策往往忽略了激励农户个体主动化解风险，没有从农户风险偏好管理的层面开展全面风险管理。本章根据农户开展适度规模经营所面临的风险、农户的风险偏好与生产投资行为之间的内在联系，在探明规模经营风险和农户风险偏好对农户生产投资行为的作用机制和传导机理的基础上，建立以农户风险认知和风险偏好为基础的差异化适度规模经营全面风险管理政策体系。并最终实现农户规模经营的风险得到有效分担，农户风险偏好得到改善，农业生产投资水平提高和适度规模经营稳步推进。

9.1 风险与风险偏好对农户生产投资行为影响的作用机理

　　前文研究结果表明，农户的风险规避偏好对农户的土地规模、有机肥采用、生产机械投资、风险管理策略选择等生产投资行为的影响显著。而农户因自身风险管理不足，外部的风险分担机制不全，从而迫使农户在风险管理过程中被动接受以事后的消费平滑、非农就业和亲友借贷等风险规避策略为主的风险管理措施来管理风险。加上适度规模经营农户的老龄化、教育水平不高、社会经历与生产经验有限、频繁的灾害经历以及信息不畅等因素的影响，农户的风险偏好表现出了典型的风险规避特征。而在外部风险分担不足、正规风险管理滞后的现实背景下，适度规模经营农户的风险规避态度显著影响农户开展适度规模经营中的生产投资和风险管理策略。一方面导致农户规模经营的生产投资不足、风险管理缺失；另一方面也可能促使农户采用更多的生产机械、有机肥等能促进适度规模经营的生产资料与投入品。综合以上研究，农户的风险偏好与生产投资行为的影响机理关系如图 9 - 1 所示。

　　农户的风险规避偏好对适度规模经营的抑制作用。一方面适度规模经营农户在日常生产经营过程中的生产投资、技术选择、土地流转等农业生产投资行为，会因客观存在的各种风险以及农户自身的风险规避态度而不敢轻易增加投资，从而导致适度规模经营农户的生产投资规模小，甚至停滞不前，这使农户风险规避偏好与农业生产投资之间形成阻碍适度规模经营的路径依赖关系；另一方面适度规模经营农户应对风险的事前、事后策略表明，风险规避的农户对事前的风险管理较弱，往往只能选择事后的被动风险应对，风险不能有效通过第三方市场机

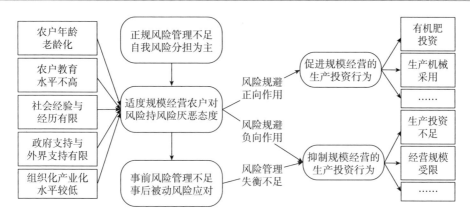

图9-1 适度规模经营农户风险偏好与生产投资行为的作用机理

构予以分担，这使适度规模经营农户的抗风险能力不足，进一步促进了适度规模经营农户不敢开展具有更高收益可能性的产业项目或生产规模，形成适度规模经营农户的生产水平不高、风险管理不足，农业适度规模经营水平发展受限。而要打破这种路径依赖，就必须有效分担适度规模经营农户的生产风险、实施有效的全面风险管理措施、改善适度规模经营农户的风险偏好，提升适度规模经营农户的生产投资水平。

农户的风险规避偏好对适度规模经营的正向促进作用。前文的研究结果表明，农户的风险规避偏好也可能促进农户采用更多的有机肥、投资更多适宜的农业生产机械等，从而促进农业生产的适度规模经营。纵然农户的风险规避偏好可能抑制农户开展适度规模经营的生产投资水平，但不可避免地也要看到农户风险规避可能形成的正向积极作用。因而农户的风险规避偏好需要科学看待，从不同的层面、不同的情形科学识别并利用农户的风险规避偏好，以此更好地精准施策促进现代农业发展、适度规模经营和乡村振兴战略推进。

9.2 农户适度规模经营的风险管理政策体系构建

9.2.1 基于风险偏好异质性制定差异化的适度规模经营扶持政策

适度规模经营存在不可避免且更具规模的农业生产风险和市场风险，在复杂多样的农业生产风险背景下，因农户的风险管理不足、正规风险分担机制不全，农户的风险偏好会表现出较强的风险规避特征。而农户的风险偏好在不同经营规模农户中存在一定差异，且对农户规模经营决策存在差异化的显著影响。因此，对于不同风险偏好的农户应实施差异化的精准支持政策。

鼓励和支持风险规避的中小型适度规模经营农户开展多样化经营。对于规模经营意愿不强、风险规避程度较高的小规模农户来说，他们进一步扩大经营规模的意愿不强，但对有机肥和现代中小型农业生产机械采用投资意愿较强。因而应鼓励其开展小规模的多样化经营，提高绿色生态种养水平和现代农业经营水平，鼓励和支持中小型适度规模经营农户的农业生产机械投资，以提高小农户农业生产的机械化水平和防灾减灾能力，实现小农户与现代农业有机衔接。与此同时，也可以对一些风险规避较强、不愿继续开展农业适度规模经营的农户开展职业技术培训，提升其人力资本，为其从事非农就业创造条件，让不愿意继续开展农业适度规模经营的农户有序退出并进入土地流转市场创造条件。

而对于风险偏好较强、经营规模较大的适度规模经营农户，应引导他们科学投资、建立全面风险管理体系并提升对他们的政策支持力度。这一类适度规模经营农户是未来农业适度规模经营的主体，他们对风险的厌恶水平较低，对进一步开展更高水平的规模经营意愿强烈。因而应充分理解和认识这一类适度规模经营农户的风险规避特征，在支持他们提高农业机械投资水平、绿色生产水平的同时，帮助其通过农村金融、农业保险、订单农业与一体化组织合作等风险管理策略开展全面风险管理，提高适度规模经营农户的风险认知水平和风险管理能力。在乡村振兴战略推进的过程中，应兼顾这类适度规模经营农户的个人风险偏好因素，在其风险保障方面给予更大的扶持。建立土地规模经营扶持专项资金，引导农村土地流向适度经营规模的专业大户、家庭农场。加大规模经营农户的标准化生产基地和规模化经营基础设施建设，增强抵御风险的能力。鼓励将新增的农业补贴、财政奖补、农业保险保费补贴等向适度规模经营农户倾斜。鼓励设立金融担保公司为专业大户、家庭农场等开展适度规模经营的新型农业经营主体农户提供融资担保服务。允许适度规模经营农户优先承担涉农建设项目，支持其采用先进技术、引进优良品种、提升装备水平、改善农业生产条件等。

9.2.2 完善适度规模经营的农业保险体系与风险分担机制

设立符合适度规模经营的政策性特色农业保险品种和自然灾害风险基金，建立并完善适合规模经营的农业保险体系，充分发挥高质量农业保险在农业风险管理中的核心地位。规模经营面临更具规模且复杂多样的各种农业生产风险和市场风险，农户为了规避风险和减少收入损失，往往依靠生产活动中的保守行为和事后被动的风险策略来规避风险，农户在面对土地经营规模扩大、新技术新品种的时候态度十分谨慎，生产决策往往会偏离经济最优，表现出风险厌恶的生产投资行为。而一旦灾害发生，或出现农产品市场价格的大幅下跌，将直接导致规模经营农户农业生产的不可持续。实际上土地规模经营增强了农户对农业保险的投保需求，同时也减少了农业保险实施中的交易成本，有利于农业保险的广泛推进，这为乡村振兴背景下的农业保险高质量发展提供了良好的发展机遇。

为更好地管理适度规模经营的风险，应根据粮食作物、经济作物等不同地方特色农作物的产业属性与特征，开发创新性的农业保险产品，提高地方特色农业保险产品的保障水平，建立适合农业规模经营的政策保险体系，以增强农户抵抗风险的能力。根据不同作物类型，设立多样化多层次的特色农业保险品种，推广作物产量、目标价格、地力指数、天气指数和收入等特色农业保险，以提升农业保险的保障水平，提供符合农户适度规模经营风险管理需求的特色农业保险产品，激励适度规模经营农户对农业保险投保。多方筹措资金，加大政府财政对农业保险的补贴支持力度，提高农户参保和保险公司承保积极性。中央和省级政府应对适度规模经营较多、农户农业保险需求较大，而县市级政府财政收入较弱的地区实施差异化的农业保险保费补贴，对其给予更高的财政支持力度。设立自然灾害风险基金和农业保险巨灾风险准备金，用于抗击巨大自然灾害造成的农业保险损失，补偿农业保险偿付能力不足的部分，提高农户生产自救能力和保险公司的持续经营。建立并完善农业保险大灾风险分散机制，帮助农业保险公司利用商业再保险和风险证券化来分散农业巨灾风险，探索天气指数保险、天气期权等创新型金融衍生品，利用资本市场转移农业风险，增强农业保险公司和再保险公司的承保能力，建立多层面的风险分散机制。

9.2.3 培育新型农业规模经营主体改善农户整体的风险偏好

本书的结论表明有创业动机、有着丰富的社会工作经验的农户具有更高的风险偏好水平，其规模经营意愿更强烈。而同时农村劳动力的老龄化日趋严重，未来谁来经营农业成为农业规模经营的障碍。因此，通过制定科学的政策和农民继续教育计划，引导那些已经在市场经济浪潮中开阔了视野、积累了资金、掌握了经营管理经验与一定市场信息的农民工返乡创业开展规模经营，培育职业农民和农村新型微观经营主体，将有助于农户整体风险认知水平和风险偏好水平的改善，促进规模经营的有序推进。对于那些在非农领域取得较多收入，有意向回乡创业的农民，政府应引导其在规模经营方面进行投资，并给予一定的优惠政策。鼓励适度规模经营农户通过能力培训开展创新创业，发展家庭农场、专业合作、股份合作等多种形式的适度规模经营，加大对新型职业农民和新型农业经营主体领办人的教育培训力度，落实和完善相关土地、金融服务等优惠政策。

进一步推动农村土地制度改革助力新型农业经营主体发展，为更高水平的规模化经营提供良好的土地经营条件和经营主体条件。土地经营的规模连片一方面可以克服现有产权制度下的土地细碎化问题；另一方面也是农户投资运用现代大型生产机械实现规模经济的重要前提。进一步推动农村土地制度改革，有序引导土地流转，能为农户现代农业生产机械的投资、现代农业技术运用、产业化运营水平的提高提供有力保障。另外，对于农户资金约束不能有效缓解、综合使用率不高、资产专用性较强的中大型农业机械的投资及相关新的生产技术运用，应鼓励农户购买社会化机械服务或技术服务，或者开展横向组织合作在合作组织内联合投资生产机械设备和生产技术，从而降低农户的适度规模经营风险，提升农户的抗风险能力，提升农户的风险偏好水平。

9.2.4 拓宽规模经营的多种形态实现小农户与现代农业的有机衔接

在风险环境下，通过农地规模扩大实现规模经营受到一系列如资金、土地流转等外界因素的约束，也受农户风险规避偏好的显著制约，因而在短期内完全通过农地扩张实现较大规模的规模经营仍然是不现实的。党的十九大提出，实现小农户和现代农业发展有机衔接，发展多种形式适度规模经营，是增加农民收入、提高农业竞争力的有效途径，是建设现代农业的前进方向和必由之路。而发展多种形式的适度规模经营就是要拓宽规模经营的多种形态，即在部分农户农地规模扩大和培育多样化的新型农业经营主体的同时，通过发展土地托管、土地入股、第三方植保服务、农机服务、果树修剪服务、市场营销服务等农业生产过程的社会化服务组织，以实现农业适度规模经营的形态多样化，让他们成为适度规模经营的新形态。农业服务的社会化可以帮助小农户更好地衔接现代农业，帮助规避风险的农户减少农业生产投资，提高现代农业技术运用水平，同时也可以帮助社会服务组织实现规模经营，是小农户在风险规避偏好影响下开展适度规模经营并与现代农业有机衔接的新实践。

无论是粮食作物还是经济作物，规模经营在面临较高生产风险的同时也面临更大的市场风险，农产品的市场价格风险是规模经营农户普遍认为的最大风险因素。长期以来，农户对市场价格普遍缺乏话语权，市场风险规避能力往往非常有限，从而促使农户表现出较强的风险规避偏好并进而影响农户的规模经营决策。通过发展多种形态的适度规模经营，在生产和市场销售环节引进多种形态的社会化服务组织，可以帮助适度规模经营农户降低市场风险，提高适度规模经营的产业化水平。另外，进一步构建农产品生产与市场信息的大数据平台，利用农村基层农技推广和农业管理部门的网点作用，及时准确地收集相关农产品由生产到销售各环节的价格、数量信息，构建区域化、精确化、完整化的农产品大数据信息网络。一方面帮助农户及时准确地获取到市场信息，另一方面也为农业保险、市场营销和电子商务以及社会服务组织发展提供基础数据。近年来，农村电子商务发展较快，生鲜农产品的电子商务也发展迅速，大力发展电子商务和订单农业，完善规模经营农户与大型电商平台、大型社区、大型商超以及各种社会服务组织的对接，通过订单农业降低规模经营农户的市场价格风险。培育农户的市场营销观念，帮助农户通过自有农场、合作社以及各种服务组织进行品质提升、品牌创建、营销推广、诚信建设，并联合开发传统销售和互联网相结合的多重营销渠道。

9.2.5 强化教育与科技研发帮助农户通过现代科技装备规避风险

教育和文化知识是影响适度规模经营农户风险偏好的重要因素，也是农户更好地认知风险管理风险、开展规模经营生产投资、推进乡村振兴战略的重要智力保障。良好的教育和培训，在帮助适度规模经营农户科学理性决策的同时，也能更好地提高适度规模经营农户的内生发展动力和能力，提升农户对风险的认知水平，改善农户风险规避偏好的消极影响。建立并完善西部民族地区农户的教育培训体系，围绕农业产业发展与技术创新、现代农业经营与管理、农村普惠金融、农业风险与风险管理等领域，为适度规模经营农户及家庭成员提供完善的教育培训或继续教育机会，提高适度规模经营农户开展现代农业经营的综合能力，缓解适度规模经营农户的风险规避态度，提升农户对风险的认知能力和管理能力，积极引导农户全面主动的管理风险。

近年来，农业科研支持力度不断加大，但科研产出仍然效率偏低，对于农户急需的新技术新品种仍然供给不足。应进一步加大抗病、抗寒、抗风等抗逆境的新品种选育，农作物灾后复产技术、重大病虫害防控技术、省力化栽培技术、小型农业机械设备、数字化智慧化农业技术装备等技术设备的研发。农户出于规避风险的考虑，往往对生产投资采取谨慎保守的决策，而依靠现代生物技术手段、现代农业机械设备等进行栽培技术改进和品种改良，可以有效规避规模经营的生产风险，提升农户风险偏好水平。如通过培育抗虫抗病以及对恶劣环境的适应能力更强的品种，能够保证作物在较差的环境条件或自然灾害年份里的单产水平。通过研发适合丘陵山地使用的中小型农业机械设备，可以缓解规模经营的劳动力老龄化与劳动力不足的问题。而农业科技研发与示范推广属于典型的公共物品投资，政府在推动现代农业发展与规模经营的同时，要更多地强化现代科技装备的研发投入，支持针对特定地区抗逆境品种的选育和栽培技术提升，这样才有利于保障农户规模经营的收益，缓解风险带来的损失。

9.2.6　完善规模经营农户的农业支持政策有效衔接乡村振兴

无论是小农户还是具备一定经营规模的农户，农户的风险偏好均具有较高的风险厌恶特征，而农户的风险规避偏好显著抑制了农户经营规模的进一步扩张，也降低了农户持续开展规模经营的意愿。而较强的外部风险分担与外界支持则可以改善农户的风险偏好水平，提升农户的规模经营投资能力，并促进农户积极主动地开展事前风险管理。而适度规模经营是现代农业发展的趋势，完善的农业风险管理是产业兴旺的重要保障，两者均是乡村振兴的重要基础，因而在政策上也需要做好相关适度规模经营的农业支持政策与乡村振兴战略的有机衔接。

在乡村振兴背景下，要进一步推进农业生产的适度规模经营和绿色可持续发展，应进一步调整财政扶贫补贴资金的使用方式，将生产补贴型的农业产业扶贫政策向生产服务型转变，提供生产技术、产业运营、市场营销、电子商务和农村金融等方面的服务，建立并完善适合农户适度规模经营的生产服务体系和市场服务体系，实现农业支持政策与乡村振兴政策有机融合。将直接补贴给适度规模经营农户（主要是粮食生产）的各种生产补贴资金调整到支持现代农业发展所需要的基础设施建设、多样化的特色农业保险与巨灾风险补偿等领域，支持适度规模经营农户现代农业发展与可持续经营。鼓励将新增的农业补贴、财政奖补资金、农业保险保费补贴等向适度规模经营农户创建和发展的家庭农场、合作社等新型农业经营主体倾斜。鼓励设立金融担保公司为适度规模经营农户、家庭农场及合作社等提供融资服务，支持其采用先进技术、引进优良品种、提升装备水平、改善农业生产条件等。进一步完善农村金融信贷等金融支持政策，发展农村地区普惠金融服务，支持小微金融机构、农业保险机构、小额信贷公司、农村合作金融组织发展，完善多样化的普惠金融供给体系和服务体系。

9.2.7 完善包括养老、失业、医疗、教育制度在内的社会保障体系

农户是规模经营的微观主体，由于规模经营的风险以及农村社会保障体系的不完善，农户的风险偏好水平普遍不高，部分农户虽然存在较高的规模经营意愿，但在规模经营过程中仍然表现出了较强的风险规避态度。农户的风险规避偏好虽然不全是消极抑制农户的规模经营投资，但风险厌恶的偏好会抑制农户的适度规模经营发展。不完善的农村社会保障体系也会导致农户无力开展更高水平的适度规模经营，且农村社会保障体系的滞后也是农村人才不足的重要原因。而要

改变农户对规模经营风险偏好较低的现状，提升农户的适度规模经营能力，就要建设较完善的农村社会保障体系，以保障农户在规模经营失败或出现风险损失后不至于出现严重生活困难。

前文的研究表明，农户的家庭人口规模、子女教育层次、文化与医疗等因素均会影响农户的风险偏好，并导致农户风险规避的生产投资行为。应积极推进农村社会保障体系改革，尽快实现农村向城市社会保障体系接轨，逐步建立和完善包括养老、失业、医疗和教育制度在内的农村各项社会保障制度，弱化土地的社会保障功能，提升农户抗风险的能力和风险偏好水平。对于以非农收入作为家庭主要收入的小规模经营农户，应逐步将其纳入完善的农村社会保障系统中，积极建立统一的城乡社会保障体系。对于已流转土地的农户或开展规模经营的专业大户、家庭农场主或社会服务组织，可以积极引导他们从土地流转收益或规模经营收益中拿出部分资金建立个人基本医疗、失业和养老保险，提高自我保障能力。

参考文献

［1］Abdulai A. , V. Owusu, R. Goetz Land Tenure Differences and Investment in Land Improvement Measures: Theoretical and Empirical Analyses ［J］. Journal of Development Economics, 2011, 96 （1）: 66 – 78.

［2］Adimassu Z. , Kessler A. , Yirga C. , Stroosnijder L. Farmers' Perceptions of Land Degradation and Their Investments in Land Management: A Case Study in the Central Rift Valley of Ethiopia ［J］. Environment Management, 2013 （51）: 989 – 998.

［3］Ahsan D. A. Does Natural Disaster Influence People's Risk Preference and Trust? An Experiment from Cyclone Prone Coast of Bangladesh ［J］. International Journal of Disaster Risk Reduction, 2014 （9）: 48 – 57.

［4］Antle J. M. Econometric Estimation of Producers' Risk Attitudes ［J］. American Journal of Agricultural Economics, 1987, 69 （3）: 509 – 522.

［5］Arcand J. L. , C. Ai, F. éthier. Moral Hazard and Marshallian Inefficiency: Evidence from Tunisia ［J］. Journal of Development Economics, 2007, 83 （2）: 411 – 445.

［6］Arbuckle J. G. , Prokopy L. S. , Haigh T. Hobbs, Widhalm M. Climate

Change Beliefs, Concerns, and Attitudes toward Adaptation and Mitigation among Farmers in the Midwestern United States [J]. Climatic Change, 2013, 117 (4): 943 – 950.

[7] Arrow K. J. Essays in the Theory of Risk Bearing [M]. Chicago: Markham Publishing Company, 1971.

[8] Bai Y., J. Kung, Y. Zhao. How Much Expropriation Hazard is Too Much? The Effect of Land Reallocation on Organic Fertilizer Usage in Rural China [J]. Land Economics, 2014, 90 (3): 434 –457.

[9] Barham B. L., Chavas J., Fitz D., et al. The Roles of Risk and Ambiguity in Technology Adoption [J]. Journal of Economic Behavior & Organization, 2014 (97): 204 –218.

[10] Bauer R. A. Consumer Behavior as Risk Taking [A] //Hancock, R. S. (Ed.) Dynamic Marketing for a Changing World [C]. Chicago: American Marketing Association, 1960.

[11] Bezabih M. Heterogeneous Risk Preferences, Discount Rates and Land Contract Choice in Ethiopia [J]. Journal of Agricultural Economics, 2009, 60 (2): 402 –418.

[12] Bezabih M., M. Sarr. Risk Preferences and Environmental Uncertainty: Implications for Crop Diversification Decisions in Ethiopia [J]. Environmental and Resource Economics, 2012, 53 (4): 483 –505.

[13] Binswanger H. P., Sillers D. A. Risk Aversion and Credit Constraints in Farmers' Decision Making: A Reinterpretation [J]. The Journal of Development Studies, 1983, 20 (1): 5 –21.

[14] Binswanger H. P. Attitudes toward Risk: Experimental Measurement in Rural India [J]. American Journal of Agricultural Economics, 1980, 62 (3): 395 –

407.

［15］Bocquého G. , Jacquet F. , Reynaud A. Expected Utility or Prospect Theory Maximisers? Assessing Farmers' Risk Behaviour from Field – experiment Data ［J］. European Review of Agricultural Economics, 2014, 41（1）: 135 – 172.

［16］Brick K. , Visser M. , Burns J. Risk Aversion: Experimental Evidence from South African Fishing Communities ［J］. American Journal of Agricultural Economics, 2012, 94（1）: 133 – 152.

［17］Buera F. J. , Kaboski J. P. Scale and the Origins of Structural Change ［J］. Journal of Economic Theory, 2012, 147（2）: 684 – 712.

［18］Bwala M. A. , Bila Y. Analysis of Farmers' Risk Aversion in Southern Borno, Nigeria ［J］. Global Journal of Agricultural Sciences, 2009, 8（1）: 7 – 11.

［19］Case S. , Oelofse M. , Hou Y. , et al. Farmer Perceptions and Use of Organic Waste Products as Fertilisers – A Survey Study of Potential Benefits and Barriers ［J］. Agricultural Systems, 2017（151）: 84 – 95.

［20］Coble K. H. , Miller J. C. , Zuniga M. , et al. The Joint Effect of Government Crop Insurance and Loan Programmes on the Demand for Futures Hedging ［J］. European Review of Agricultural Economics, 2004, 31（3）: 309 – 330.

［21］Cotty T. L. , D'Hotel E. M. , Soubeyran R. , et al. Linking Risk a Version, Time Preference and Fertilizer Use in Burkina Faso ［J］. Journal of Development Studies, 2018, 54（11）: 1991 – 2006.

［22］Cramer J. S. , Hartog J. , Jonker N. , et al. Low Risk Aversion Encourages the Choice for Entrepreneurship: An Empirical Test of a Truism ［J］. Journal of Economic Behavior & Organization, 2002, 48（1）: 29 – 36.

［23］Cragg J. G. Some Statistical Models for Limited Dependent Variables with Application to the Demand for Durable Goods ［J］. Econometrica: Journal of the

Econometric Society, 1971 (2): 829 – 844.

[24] De Brauw A. , Eozenou P. Measuring Risk Attitudes among Mozambican Farmers [J] . Journal of Development Economics, 2014 (111): 61 – 74.

[25] Deaton A. , Paxson C. Growth and Saving among Individuals and House-holds [J] . Review of Economics and Statistics, 2000, 82 (2): 212 – 225.

[26] Dercon S. Income Risk, Coping Strategies, and Safety Nets [J] . The World Bank Research Observer, 2002, 17 (2): 141 – 166.

[27] Demiryüreka K. , Ceyhana V. , Bozoǧlua M. Risk Attitudes of Organic and Conventional Hazelnut Producers in Turkey [J] . Human and Ecological Risk Assess-ment: An International Journal, 2012, 18 (2): 471 – 482.

[28] De Mey Y. , Van Winsen F. , Wauters E. , Vancauteren M. Farm – level Evidence on Risk Balancing Behavior in the Eu – 15 [J] . Agricultural Finance Re-view, 2014 (74): 17 – 37.

[29] Dillon J. L. , Scandizzo P. L. Risk Attitudes of Subsistence Farmers in Northeast Brazil: A Sampling Approach [J] . American Journal of Agricultural Eco-nomics, 1978, 60 (3): 425 – 435.

[30] Dong G. , Mao, X. , Zhou J. , Zeng A. Carbon Footprint Accounting and Dynamics and the Driving Forces of Agricultural Production in Zhejiang Province, China [J] . Ecological Economics, 2013 (91): 38 – 47.

[31] Dohmen T. J. Do Professionals Choke under Pressure? [J] . Journal of Economic Behavior & Organization, 2008, 65 (3 – 4): 636 – 653.

[32] Epstein L. G. , Zin S. E. Substitution, Risk Aversion, and the Temporal Behavior of Consumption and Asset Returns: A Theoretical Framework [J] . Econo-metrica: Journal of the Econometric Society, 1989 (2): 937 – 969.

[33] Evanylo G. , Sherony C. , Spargo J. , et al. Soil and Water Environmental

Effects of Fertilizer Manure and Compost – based Fertility Practices in an Organic Vege-table Cropping System [J] . Agriculture, Ecosystems & Environment, 2008, 127 (1): 50 – 58.

[34] Fafchamps M. , Lund S. Risk – sharing Networks in Rural Philippines [J]. Journal of Development Economics, 2003, 71 (2): 261 – 287.

[35] Fausti S. , Gillespie J. Measuring Risk Attitude of Agricultural Producers Using a Mail Survey: How Consistent are the Methods? [J] . Australian Journal of Ag-ricultural and Resource Economics, 2006, 50 (2): 171 – 188.

[36] Feinerman E. , Finkelshtain I. Introducing Socioeconomic Characteristics into Production Analysis under Risk [J] . Agricultural Economics, 1996, 13 (3): 149 – 161.

[37] Franken J. , Pennings J. , Garcia P. Do Transaction Costs and Risk Prefe-rences Influence Marketing Arrangements in the Illinois Hog Industry? [J] . Journal of Agricultural and Resource Economics, 2009, 34 (2): 297 – 315.

[38] Gao L. , Huang J. , Rozelle S. Rental Markets for Cultivated Land and Ag-ricultural Investments in China [J] . Agricultural Economics, 2012, 43 (4): 391 – 403.

[39] Gardebroek C. Comparing Risk Attitudes of Organic and Non – organic Farmers with a Bayesian Random Coefficient Model [J] . European Review of Agricul-tural Economics, 2006, 33 (4): 485 – 510.

[40] Ghadim A. K. A. , Pannell D. J. , Burton M. P. Risk, Uncertainty, and Learning in Adoption of a Crop Innovation [J] . Agricultural Economics, 2005, 33 (1): 1 – 9.

[41] Graham J. R. , Harvey C. , Puri M. Managerial Attitudes and Corporate Ac-tion [J] . Journal of Financial Economics, 2013 (109): 103 – 121.

［42］ Groom B. , Koundouri P. , Nauges C. , Thomas A. The Story of the Moment: Risk Averse Cypriot Farmers Respond to Drought Management ［J］. Applied Economics, 2008, 40 (3): 315 –326.

［43］ Hansson H. , Lagerkvist C. J. Measuring Farmers Preferences for Risk: A Domain – specific Risk Preference Scale ［J］. Journal of Risk Research, 2012, 15 (7): 737 –753.

［44］ Hartog J. A. Ferrer – i – Carbonell, Jonker N. Linking Measured Risk Aversion to Individual Characteristics ［J］. Kyklos, 2002, 55 (1): 3 –26.

［45］ Harley E. Ryan, Roy A. Wiggins. The Interaction between R&D Investment Decisions and Compensation Policy ［J］. Financial Management, 2002, 31 (1): 5 –29.

［46］ Harrison G. W. , Johnson E. , Mcinnes M. M. , et al. Risk Aversion and Incentive Effects: Comment ［J］. American Economic Review, 2005 (2): 897 – 901.

［47］ Kathrin H. , Hans – Werner O. , Onno O. , et al. Drivers for the Adoption of Eco – innovations in the German Fertilizer Supply Chain ［J］. Sustainability, 2016, 8 (8): 682.

［48］ Hazell P. B. R. Application of Risk Preference Estimates in Firm – household and Agricultural Sector Models ［J］. American Journal of Agricultural Economics, 1982, 64 (2): 384 –390.

［49］ Hellerstein D. , Higgins N. , Horowitz J. The Predictive Power of Risk Preference Measures for Farming Decisions ［J］. European Review of Agricultural Economics, 2013, 40 (5): 807 –833.

［50］ Helfand S. M. , Levine E. S. Farm Size and the Determinants of Productive Efficiency in the Brazilian Center – West ［J］. Agricultural Economics, 2004, 31

(2 – 3): 241 – 249.

[51] Holden S. T. , Deininger K. , Ghebru H. Impacts of Low – cost Land Certification on Investment and Productivity [J] . American Journal of Agricultural Economics, 2009 (91): 359 – 373.

[52] Holt C. A. , Laury S. K. Risk Aversion and Incentive Effects [J] . American Economic Review, 2002, 92 (5): 1644 – 1655.

[53] Hou Y. , Velthof G. L. , Case S. D. C. , et al. Stakeholder Perceptions of Manure Treatment Technologies in Denmark, Italy, the Netherlands and Spain [J] . Journal of Cleaner Production, 2018 (172): 1620 – 1630.

[54] Huang J. K. , Huang Z. R. , Jia X. P. , et al. Long – term Reduction of Nitrogen Fertilizer Use through Knowledge Training in Rice Production in China [J] . Agricultural Systems, 2015 (135): 105 – 111.

[55] Isik M. Resource Management under Production and Output Price Uncertainty: Implications for Environmental Policy [J] . American Journal of Agricultural Economics, 2002, 84 (3): 557 – 571.

[56] Isik M. , Khanna, M. Stochastic Technology, Risk Preferences, and Adoption of Site – specific Technologies [J] . American Journal of Agricultural Economics, 2003 (85): 305 – 317.

[57] Jacoby H. G. , G. Li, S. Rozelle. Hazards of Expropriation: Tenure Insecurity and Investment in Rural China [J] . American Economic Review, 2002, 92 (5): 1420 – 1447.

[58] Yueqing J. , Xiaohua Y. , Funing Z. Machinery Investment Decision and Off – farm Employment in Rural China [J] . China Economic Review, 2012, 23 (1): 71 – 80.

[59] Jianjun J. , Yiwei G. , Xiaomin W. , Nam P. K. Farmers' Risk Preferences

and Their Climate Change Adaptation Strategies in the Yongqiao District, China [J]. Land Use Policy, 2015 (47): 365 – 372.

[60] Kahneman D., Tversky A. Prospect Theory: An Analysis of Decision under Risk [J]. Econometrica: Journal of the Econometric Society, 1979 (2): 263 – 291.

[61] Katic P., Ellis T. Risk Aversion in Agricultural Water Management Investments in Northern Ghana: Experimental Evidence [J]. Agricultural Economics, 2018, 49 (5): 575 – 586.

[62] Kisaka – Lwayo Maggie, Obi Ajuruchukwu. Risk Perceptions and Management Strategies by Smallholder Farmers in KwaZulu – Natal Province, South Africa [J]. International Journal of Agricultural Managment, 2012, 1 (3): 28 – 39.

[63] Koundouri P., Laukkanen M., Myyrä S., et al. The Effects of EU Agricultural Policy Changes on Farmers' Risk Attitudes [J]. European Review of Agricultural Economics, 2009, 36 (1): 53 – 77.

[64] Koundouri P., Nauges C., Tzouvelekas V. Technology Adoption under Production Uncertainty: Theory and Application to Irrigation Technology [J]. American Journal of Agricultural Economics, 2006, 88 (3): 657 – 670.

[65] Kocher M. G., Sutter M. The Decision Maker Matters: Individual Versus Group Behaviour in Experimental Beauty – contest Games [J]. Economic Journal, 2005, 115 (500): 200 – 223.

[66] Koesling M., Ebbesvik M., Lien G., et al. Risk and Risk Management in Organic and Conventional Cash Crop Farming in Norway [J]. Food Economics – Acta Agriculturae Scandinavica, 2004, 1 (4): 195 – 206.

[67] Kraussl R., Lucas A., Siegmann A. Risk Aversion under Preference Uncertainty [J]. Finance Research Letters, 2012, 9 (1): 1 – 7.

[68] Arrow K. J. The Role of Securities in the Optimal Allocation of Risk – bear-

ing [J]. Review of Economic Studies, 1964, 31 (2): 91 –96.

[69] Lahav E. Effect of Different Amounts of Potassium on Growth of the Banana [J]. Tropical Agriculture, 1972 (49): 321 –335.

[70] Lamb R. L. Fertilizer Use, Risk, and off – farm Labor Markets in the Semi – arid Tropics of India [J]. American Journal of Agricultural Economics, 2003 (85): 359 –371.

[71] Larry G. Epstein, Stanley E. Zin. Substitution, Risk Aversion, and the Temporal Behavior of Consumption and Asset Returns: A Theoretical Framework [J]. Econometrica, 1989, 57 (4): 937 –969.

[72] Li G. , Rozelle, S. , Brandt, L. Tenure, Land Rights, and Farmer Investment Incentives in China [J]. Agricultural Economics, 1998 (19): 63 –71.

[73] Li Q. , Yang W. , Li K. Role of Social Learning in the Diffusion of Environmentally – friendly Agricultural Technology in China [J]. Sustainability, 2018 (10): 1527.

[74] Liu E. M. Time to Change What to Sow: Risk Preferences and Technology Adoption Decisions of Cotton Farmers in China [J]. Review of Economics and Statistics, 2013, 95 (4): 1386 –1403.

[75] Liebenehm S. , Waibel H. Simultaneous Estimation of Risk and Time Preferences among Small – scale Cattle Farmers in West Africa [J]. American Journal of Agricultural Economics, 2014, 96 (5): 1420 –1438.

[76] Lusk J. L. , Coble K. H. Risk Perceptions, Risk Preference, and Acceptance of Risky Food [J]. American Journal of Agricultural Economics, 2005, 87 (2): 393 –405.

[77] Lyu K. Y. , Barre T. J. Risk Aversion in Crop Insurance Program Purchase Decisions: Evidence from Maize Production Areas in China [J]. China Agricultural

Economic Review, 2017, 9 (1): 62 - 80.

[78] Ma W. , Abdulai A. , Goetz R. Agricultural Cooperatives and Investment in Organic Soil Amendments and Chemical Fertilizer in China [J] . American Journal of Agricultural Economics, 2017, 100 (2): 502 - 520.

[79] Maart Noelck S. C. , Musshoff O. Measuring the Risk Attitude of Decision - makers: Are There Differences between Groups of Methods and Persons? [J] . Australian Journal of Agricultural and Resource Economics, 2013, 3 (58): 336 - 352.

[80] Makuvaro V. , Walker S. , Masere T. P. , et al. Smallholder Farmer Perceived Effects of Climate Change on Agricultural Productivity and Adaptation Strategies [J] . Journal of Arid Environments, 2018 (152): 75 - 82.

[81] Mariano M. J. , Villano R. , Fleming E. Factors Influencing Farmers' Adoption of Modern Rice Technologies and Good Management Practices in the Philippines [J] . Agricultural Systems, 2012 (110): 41 - 53.

[82] Masclet D. , Colombier N. , et al. Group and Individual Risk Preferences: A Lottery - choice Experiment with Self - employed and Salaried Workers [J] . Journal of Economic Behavior & Organization, 2009, 70 (3): 470 - 484.

[83] Menapace L. , Colson G. , Raffaelli R. Risk Aversion, Subjective Beliefs, and Farmer Risk Management Strategies [J] . American Journal of Agricultural Economics, 2013, 95 (2): 384 - 389.

[84] Menapace L. , Colson G. , Raffaelli R. A Comparison of Hypothetical Risk Attitude Elicitation Instruments for Explaining Farmer Crop Insurance Purchases [J] . European Review of Agricultural Economics, 2016, 43 (1): 113 - 135.

[85] Merton R. C. On Estimating the Expected Return on the Market: An Exploratory Investigation [J] . Journal of Financial Economics, 1980, 8 (4): 323 - 361.

[86] Miao Y., Stewart B. A., Zhang F. Long – term Experiments for Sustainable Nutrient Management in China [J]. Agronomy for Sustainable Development, 2011, 31 (2): 397 – 414.

[87] Monjardino M., Mcbeath T., Ouzman J., et al. Farmer Risk – aversion Limits Closure of Yield and Profit Gaps: A Study of Nitrogen Management in the Southern Australian Wheatbelt [J]. Agricultural Systems, 2015 (137): 108 – 118.

[88] Moscardi E., de Janvry A. Attitudes toward Risk among Peasants: An Econometric Approach [J]. American Journal of Agricultural Economics, 1977, 59 (4): 710 – 716.

[89] Nielsen T., Keil A., Zeller M. Assessing Farmers' Risk Preferences and Their Determinants in a Marginal Upland Area of Vietnam: A Comparison of Multiple Elicitation Techniques [J]. Agricultural Economics, 2013, 44 (3): 255 – 273.

[90] Nielsen T., Keil A., Zeller M. Assessing Farmers' Risk Preferences and Their Determinants in a Marginal Upland Area of Vietnam: A Comparison of Multiple Elicitation Techniques [J]. Agricultural Economics, 2013, 44 (3): 255 – 273.

[91] Olarinde L. O., Manyong V. M., Akintola J. O. Factors Influencing Risk Aversion among Maize Farmers in the Northern Guinea Savanna of Nigeria: Implications for Sustainable Crop Development Programmes [J]. Journal of Food Agriculture & Environment, 2010, 8 (1): 128 – 134.

[92] Ouattara P. D., Kouassi E., Egbendewe A. Y. G., et al. Risk Aversion and Land Allocation between Annual and Perennial Crops in Semisubsistence Farming: A Stochastic Optimization Approach [J]. Agricultural Economics, 2019, 50 (3): 329 – 339.

[93] Pennings J. M. E., Leuthold R. The Role of Farmers' Behavioral Attitudes and Heterogeneity in Futures Contracts Usage [J]. American Journal of Agricultural

Economics, 2000 (82): 908 –919.

[94] Picazo Tadeo A. J. , Wall A. Production Risk, Risk Aversion and the Determination of Risk Attitudes among Spanish Rice Producers [J] . Agricultural Economics, 2011, 42 (4): 451 –464.

[95] Pope R. D. , Just R. E. On Testing the Structure of Risk Preferences in Agricultural Supply Analysis [J] . American Journal of Agricultural Economics, 1991, 73 (3): 743 –748.

[96] Pope R. D. Empirical Estimation and Use of Risk Preferences: An Appraisal of Estimation Methods That Use Actual Economic Decisions [J] . American Journal of Agricultural Economics, 1982, 64 (2): 376 –383.

[97] Pratt J. Risk Aversion in the Small and in the Large [J] . Econometrica, 1964 (32): 122 –136.

[98] Rakhshanda K. , Awudu A. Off – farm Work, Land Tenancy Contracts and Investment in Soil Conservation Measures in Rural Pakistan [J] . Australian Journal of Agricultural and Resource Economics, 2016, 60 (2): 307 –325.

[99] Ramaswami B. Production Risk and Optimal Input Decisions [J] . American Journal of Agricultural Economics, 1992, 74 (4): 860 –869.

[100] Reise C. , Musshoff O. , Granoszewski K. , et al. Which Factors Influence the Expansion of Bioenergy? An Empirical Study of the Investment Behaviours of German Farmers [J] . Ecological Economics, 2012 (73): 133 –141.

[101] Reynaud A. , Couture S. Stability of Risk Preference Measures: Results from a Field Experiment on French Farmers [J] . Theory and Decision, 2012, 73 (2): 203 –221.

[102] Saha A. , Shumway C. R. , Talpaz H. Joint Estimation of Risk Preference Structure and Technology Using Expo – power Utility [J] . American Journal of Agri-

cultural Economics, 1994, 76 (2): 173 – 184.

[103] Simtowe F. , Mduma J. , Phiri A. , Thomas A. , Zeller, M. Can Risk – aversion towards Fertilizer Explain Part of the Non – adoption Puzzle for Hybrid Maize? Empirical Evidence from Malawi [J] . Journal of Applied Sciences, 2006, 6 (7): 1490 – 1498.

[104] Sullivan – Wiley K. A. , Gianotti A. G. S. Risk Perception in A Multi – hazard Environment [J] . World Development, 2017 (97): 138 – 152.

[105] Slovic P. Perception of Risk [J] . Science, 1987, 236 (4799): 280 – 285.

[106] Svensson L. E. O. Portfolio Choice with Non – Expected Utility in Continuous Time [J] . Economics Letters, 1989, 30 (4): 313 – 317.

[107] Takeshima H. , Edeh H. O. , Lawal A. O. , et al. Characteristics of Private – sector Tractor Service Provisions: Insights from Nigeria [J] . Developing Economies, 2015, 53 (3): 188 – 217.

[108] Takeshima H. , Yamauchi F. Risks and Farmers' Investment in Productive Assets in Nigeria [J] . Agricultural Economics, 2012, 43 (2): 143 – 153.

[109] Teklewold H. , Kohlin G. Risk Preferences as Determinants of Soil Conservation Decisions in Ethiopia [J] . Journal of Soil and Water Conservation, 2011, 66 (2): 87 – 96.

[110] Udry C. Risk and Insurance in a Rural Credit Market: An Empirical Investigation in Northern Nigeria [J] . The Review of Economic Studies, 1994, 61 (3): 495 – 526.

[111] Vincent L. Barker, George C. Mueller. CEO Characteristics and Firm R&D Spending [J] . Management Science, 2002, 48 (6): 782 – 801.

[112] Van Winsen F. , De Mey Y. , Lauwers L. , et al. Determinants of Risk Be-

havior: Effects of Perceived Risks and Risk Attitude on Farmer's Adoption of Risk Management Strategies [J]. Journal of Risk Research, 2016, 19 (1): 56 – 78.

[113] Wang X. B., Yamauchi F., Huang J. K. Rising Wages, Mechanization, and the Substitution between Capital and Labor: Evidence from Small Scale Farm System in China [J]. Agricultural Economics, 2016, 47 (3): 309 – 317.

[114] Wang Y., Zhu Y., Zhang S., Wang Y. What Could Promote Farmers to Replace Chemical Fertilizers with Organic Fertilizers? [J]. Journal of Cleaner Production, 2018 (199): 882 – 890.

[115] Weber E. U., Blais A. R., Betz N. E. A Domain – specific Risk – attitude Scale: Measuring Risk Perceptions and Risk Behaviors [J]. Journal of Behavioral Decision Making, 2002, 15 (4): 263 – 290.

[116] Wik M., Aragie Kebede T., Bergland O., et al. On the Measurement of Risk Aversion from Experimental Data [J]. Applied Economics, 2004, 36 (21): 2443 – 2451.

[117] Wolgin J. M. Resource Allocation and Risk: A Case Study of Smallholder Agriculture in Kenya [J]. American Journal of Agricultural Economics, 1994, 76 (2): 173 – 184.

[118] Wossen T., Berger T., Di Falco S. Social Capital, Risk Preference and Adoption of Improved Farm Land Management Practices in Ethiopia [J]. Agricultural Economics, 2015, 46 (1): 81 – 97.

[119] Wu Y., Xi X., Tang X., Luo D., et al. Policy Distortions, Farm Size, and the Overuse of Agricultural Chemicals in China [J]. Proceedings of the National Academy of Sciences of the United States of America, 2018, 115 (27): 7010 – 7015.

[120] Xu H., Huang X., Zhong T., Chen Z., et al. Chinese Land Policies and

Farmers' Adoption of Organic Fertilizer for Saline Soils [J]. Land Use Policy, 2014 (38): 541 - 549.

[121] Yang Z. C., Zhao N., Huang F., et al. Long - term Effects of Different Organic and Inorganic Fertilizer Treatments on Soil Organic Carbon Sequestration and Crop Yields on the North China Plain [J]. Soil and Tillage Research, 2015 (146): 47 - 52.

[122] Yesuf M., Bluffstone R. A. Poverty, Risk Aversion, and Path Dependence in Low - income Countries: Experimental Evidence from Ethiopia [J]. American Journal of Agricultural Economics, 2009, 91 (4): 1022 - 1037.

[123] Yusuf M., Mustafa F., Salleh K. Farmer Perception of Soil Erosion and Investment in Soil Conservation Measures: Emerging Evidence from Northern Taraba State, Nigeria [J]. Soil Use Management, 2017 (33): 163 - 173.

[124] Yusuf S. A., Ashagidigbi W. M., Bwala D. P. Poverty and Risk Attitude of Farmers in North - Central Nigeria [J]. Journal of Environmental & Agricultural Sciences, 2015 (3): 1 - 7.

[125] Zhang D., Wang H., Pan J., Luo J., Liu J., et al. Nitrogen Application Rates Need to be Reduced for Half of the Rice Paddy Fields in China [J]. Agriculture Ecosystems & Environment, 2018 (265): 8 - 14.

[126] Zhang X., Davidson E. A., Mauzerall D. L., Searchinger T. D., Dumas P., Shen Y. Managing Nitrogen for Sustainable Development [J]. Nature, 2015 (528): 51.

[127] Zhao J., Ni T., Li J., Lu Q., Fang Z., Huang Q. Effects of Organic - inorganic Compound Fertilizer with Reduced Chemical Fertilizer Application on Crop Yields, Soil Biological Activity and Bacterial Community Structure in A Rice - wheat Cropping System [J]. Applied Aoil Acology, 2016, 99 (18): 1 - 12.

［128］蔡键，唐忠，朱勇．要素相对价格、土地资源条件与农户农业机械服务外包需求［J］．中国农村经济，2017（8）：18－28.

［129］曹光乔，周力，易中懿，等．农业机械购置补贴对农户购机行为的影响——基于江苏省水稻种植业的实证分析［J］．中国农村经济，2010（6）：38－48.

［130］陈令民．家庭经营与适度规模经营［J］．乡镇经济，2001（7）：17－18＋56.

［131］陈传波．中国农户的非正规风险分担实证研究［J］．农业经济问题，2007（6）：20－26.

［132］陈传波，丁士军．对农户风险及其处理策略的分析［J］．中国农村经济，2003（11）：66－71.

［133］陈强．高级计量经济学及Stata应用（第二版）［M］．北京：高等教育出版社，2014.

［134］陈新建，韦炳佩．果农对规模经营的风险认知与风险分担机制研究——基于广东、广西适度规模经营果农的实证分析［J］．南方农业学报，2015，46（5）：936－942.

［135］陈新建，韦圆圆．风险感知、风险偏好与适度规模经营农户风险管理策略［J］．华南农业大学学报（社会科学版），2019，18（1）：74－85.

［136］陈新建，杨重玉．农户禀赋、风险偏好与农户新技术投入行为——基于广东水果种植农户的调查实证［J］．科技管理研究，2015（17）：131－135.

［137］陈昭玖，胡雯．农业规模经营的要素匹配：雇工经营抑或服务外包——基于赣粤两省农户问卷的实证分析［J］．学术研究，2016（8）：93－100＋177.

［138］陈秧分，刘彦随，翟荣新．基于农户调查的东部沿海地区农地规模经营意愿及其影响因素分析［J］．资源科学，2009（7）：1102－1108.

［139］仇焕广，苏柳方，张祎彤，唐建军．风险偏好、风险感知与农户保护性耕作技术采纳［J］．中国农村经济，2020（7）：59－79．

［140］丁士军，陈传波．农户风险处理策略分析［J］．农业现代化研究，2001（6）：346－349．

［141］方蕊，安毅．粮食种植大户的农业风险管理策略选择——基于风险感知视角［J］．农业现代化研究，2020，41（2）：219－228．

［142］郭庆海．土地适度规模经营尺度：效率抑或收入［J］．农业经济问题，2014，35（7）：4－10．

［143］郭如良，刘子玉，陈江华．农户兼业化、土地细碎化与农机社会化服务——以江西省为例［J］．农业现代化研究，2020，41（1）：135－143．

［144］郭晓鸣，董欢．西南地区粮食经营的现代化之路——基于崇州经验的现实观察［J］．中国农村经济，2014（7）：39－47．

［145］谷政，卢亚娟．农户对气候灾害认知以及应对策略分析［J］．学海，2015（4）：95－101．

［146］高强，刘同山，孔祥智．家庭农场的制度解析：特征、发生机制与效应［J］．经济学家，2013（6）：48－56．

［147］韩长赋．加快推进农业现代化、努力实现"三化"同步发展［J］．农业经济问题，2011（11）：4－7．

［148］杭斌．习惯形成下的农户缓冲储备行为［J］．经济研究，2009（1）：96－105．

［149］侯麟科，仇焕广，白军飞，等．农户风险偏好对农业生产要素投入的影响——以农户玉米品种选择为例［J］．农业技术经济，2014（5）：21－29．

［150］胡新艳，陈小知，米运生．农地整合确权政策对农业规模经营发展的影响评估——来自准自然实验的证据［J］．中国农村经济，2018（12）：83－102．

［151］黄季焜，冀县卿．农地使用权确权与农户对农地的长期投资［J］．管理世界，2012（9）：76－81＋99＋187－188．

［152］黄季焜，齐亮，陈瑞剑．技术信息知识、风险偏好与农民施用农药［J］．管理世界，2008（5）：71－76．

［153］黄祖辉，黄忠良．农户土地规模经营中的风险及其管理［J］．农业现代化研究，1996（4）：191－194．

［154］江激宇，张士云，李博伟，马小茜．种粮大户经营风险感知机理与实证检验［J］．西北农林科技大学学报（社会科学版），2016，16（4）：123－130．

［155］李宁，汪险生，王舒娟．自购还是外包：农地确权如何影响农户的农业机械化选择？［J］．中国农村经济，2019（6）：54－75．

［156］李琴，李大胜，陈风波．地块特征对农业机械服务利用的影响分析——基于南方五省稻农的实证研究［J］．农业经济问题，2017，38（7）：43－52＋110－111．

［157］李谷成，冯中朝，范丽霞．小农户真的更加具有效率吗？来自湖北省的经验证据［J］．经济学（季刊），2010，9（1）：95－124．

［158］李文明，罗丹，陈洁，谢颜．农业适度规模经营：规模效益、产出水平与生产成本——基于1552个水稻种植户的调查数据［J］．中国农村经济，2015（3）：4－17＋43．

［159］李俸龙，罗小锋，江松颖．西南民族地区农户抗旱必要性认知及应对策略分析［J］．干旱区资源与环境，2015，29（2）：38－42．

［160］林旭．论农地流转的社会风险及其防范机制［J］．西南民族大学学报（人文社会科学版），2009，30（8）：206－210．

［161］刘汉成，关江华．适度规模经营背景下农村土地流转研究［J］．农业经济问题，2019（8）：59－64．

[162] 陆文聪, 西爱琴. 农户农业生产的风险反应: 以浙江为例的 MOTAD 模型分析 [J]. 中国农村经济, 2005 (12): 68 – 75.

[163] 罗必良, 刘成香, 吴小立. 资产专用性、专业化生产与农户的市场风险 [J]. 农业经济问题, 2008 (7): 10 – 15 + 110.

[164] 罗必良. 论服务规模经营——从纵向分工到横向分工及连片专业化 [J]. 中国农村经济, 2017 (11): 2 – 16.

[165] 罗丹, 陈洁. 我国粮食生产方式转变的多维选择: 3400 种粮户例证 [J]. 改革, 2014 (7): 33 – 48.

[166] 罗锡文, 廖娟, 胡炼, 等. 提高农业机械化水平, 促进农业可持续发展 [J]. 农业工程学报, 2016, 32 (1): 1 – 11.

[167] 刘飞, 陶建平. 风险认知、抗险能力与农险需求——基于中国 31 个省份动态面板的实证研究 [J]. 农业技术经济, 2016 (9): 92 – 103.

[168] 马小勇. 中国农户的风险规避行为分析——以陕西为例 [J]. 中国软科学, 2006 (2): 22 – 30.

[169] 马小勇, 白永秀. 经济转型中农户非正规收入风险处理机制的变迁 [J]. 财经科学, 2007 (9): 53 – 60.

[170] 毛慧, 周力, 应瑞瑶. 风险偏好与农户技术采纳行为分析——基于契约农业视角再考察 [J]. 中国农村经济, 2018 (4): 74 – 89.

[171] 米建伟, 黄季焜, 陈瑞剑, Elaine M. Liu. 风险规避与中国棉农的农药施用行为 [J]. 中国农村经济, 2012 (7): 60 – 71 + 83.

[172] 宁满秀, 邢郦, 钟甫宁. 影响农户购买农业保险决策因素的实证分析——以新疆玛纳斯河流域为例 [J]. 农业经济问题, 2005 (6): 38 – 44.

[173] 潘魏灵. 经营者风险偏好的影响因素分析 [J]. 现代管理科学, 2013 (2): 106 – 108.

[174] 钱文荣, 张忠明. 农民土地意愿经营规模影响因素实证研究——基于

长江中下游区域的调查分析［J］．农业经济问题，2007（5）：28 – 34.

［175］屈小博，张海鹏，宁泽逵．农户生产经营风险来源与认知差异实证分析——以陕西省453户果农为例［J］．财经论丛，2009（2）：82 – 89.

［176］尚燕，熊涛，李崇光．风险感知、风险态度与农户风险管理工具采纳意愿——以农业保险和"保险 + 期货"为例［J］．中国农村观察，2020（5）：52 – 72.

［177］孙顶强，Misgina Asmelash，卢宇桐，等．作业质量监督、风险偏好与农户生产外包服务需求的环节异质性［J］．农业技术经济，2019（4）：4 – 15.

［178］孙艳，石志恒，孙鹏飞．规模经营能否提高种植大户的经营效率——以甘肃玉米种植大户为例［J］．中国农业资源与区划，2019，40（3）：78 – 84.

［179］宋亚平．规模经营是农业现代化的必由之路吗？［J］．江汉论坛，2013（4）：5 – 9.

［180］汤建尧，曾福生．经营主体的农地适度规模经营绩效与启示——以湖南省为例［J］．经济地理，2014，34（5）：134 – 138.

［181］邰秀军，李树苗，李聪，黎洁．中国农户谨慎性消费策略的形成机制［J］．管理世界，2009（7）：85 – 92.

［182］田先红，陈玲．农地大规模流转中的风险分担机制研究［J］．中国农业大学学报（社会科学版），2013，30（4）：40 – 47.

［183］王滨．风险偏好改变、多重均衡与危机传染［J］．南开经济研究，2005（1）：86 – 90.

［184］王倩，管睿，余劲．风险态度、风险感知对农户农地流转行为影响分析——基于豫鲁皖冀苏1429户农户面板数据［J］．华中农业大学学报（社会科学版），2019（6）：149 – 158 + 167.

［185］王全忠，周宏．劳动力要素禀赋、规模经营与农户机械技术选择——来自水稻机插秧技术的实证解释［J］．南京农业大学学报（社会科学版），

2019，19（3）：125 – 137 + 159 – 160.

[186] 王许沁，张宗毅，葛继红. 农机购置补贴政策：效果与效率——基于激励效应与挤出效应视角 [J]. 中国农村观察，2018（2）：60 – 74.

[187] 王志刚，申红芳，廖西元. 农业规模经营：从生产环节外包开始——以水稻为例 [J]. 中国农村经济，2011（9）：4 – 12.

[188] 王宁，翟印礼. 生态林规模影响个体经营者风险规避度分析 [J]. 农业技术经济，2013（4）：102 – 107.

[189] 徐珍源，孔祥智. 转出土地流转期限影响因素实证分析——基于转出农户收益与风险视角 [J]. 农业技术经济，2010（7）：30 – 40.

[190] 许庆，尹荣梁，章辉. 规模经济、规模报酬与农业适度规模经营——基于我国粮食生产的实证研究 [J]. 经济研究，2011（3）：59 – 71.

[191] 许承明，张建军. 社会资本、异质性风险偏好影响农户信贷与保险互联选择研究 [J]. 财贸经济，2012（12）：63 – 70.

[192] 许庆，尹荣梁. 中国农地适度规模经营问题研究综述 [J]. 中国土地科学，2010（4）：75 – 81.

[193] 叶明华，朱俊生. 农业保险微观效用与粮食安全的关联度 [J]. 改革，2017（9）：76 – 86.

[194] 叶明华，汪荣明，吴苹. 风险认知、保险意识与农户的风险承担能力——基于苏、皖、川3省1554户农户的问卷调查 [J]. 中国农村观察，2014（6）：37 – 48 + 95.

[195] 张士云，陈传静，江激宇，鲍静，宋浩楠. 风险效应对种粮大户规模选择行为的影响研究——基于安徽省403个种粮大户调研数据 [J]. 华东经济管理，2019，33（5）：26 – 33.

[196] 张应语，李志祥. 基于管理风险偏好量表的管理风险偏好实证研究——以大型国有企业管理人员为例 [J]. 中国软科学，2009（4）：175 – 184.

［197］张忠明，钱文荣．农民土地规模经营意愿影响因素实证研究——基于长江中下游区域的调查分析［J］．中国土地科学，2008（3）：61－67．

［198］章元，吴伟平，潘慧．劳动力转移、信贷约束与规模经营——粮食主产区与非主产区的比较研究［J］．农业技术经济，2017（10）：4－13．

［199］郑旭媛，徐志刚．资源禀赋约束、要素替代与诱致性技术变迁——以中国粮食生产的机械化为例［J］．经济学（季刊），2017，16（1）：45－66．

［200］郑阳阳，罗建利．农业规模化经营潜在风险的化解机制研究——基于"三位一体"农业共营制视角［J］．经济体制改革，2020（3）：80－86．

［201］钟甫宁，纪月清．土地产权、非农就业机会与农户农业生产投资［J］．经济研究，2009（12）：43－51．

［202］周业安，左聪颖，陈叶烽，等．具有社会偏好个体的风险厌恶的实验研究［J］．管理世界，2012（6）：86－95．

［203］周应恒，胡凌啸，严斌剑．农业经营主体和经营规模演化的国际经验分析［J］．中国农村经济，2015（9）：80－95．

［204］周应恒，严斌剑．发展农业适度规模经营既要积极又要稳妥［N］．农民日报，2014－10－24（001）．

［205］朱强，李民．论农地资本化流转中的风险与防范［J］．管理世界，2012（7）：170－171．

［206］朱信凯，刘刚．二元金融体制与农户消费信贷选择——对合会的解释与分析［J］．经济研究，2009（2）：43－55．